엄마를 버려야
아이가 산다

사교육 없이 영재고 보낸 엄마의 특별한 교육법

엄마를 버려야 아이가 산다

박미라 지음

타임스퀘어

/ 서문 /

어느 날 아이와 대화를 하다가 아이의 꿈에 대한 이야기를 듣게 되었다.

그것은 적정기술appropriate technology에 대한 것이었는데 사회적 기업에 대한 견해와 더불어 세계 인류에 대한 도덕적 의무를 품고 있는 아이의 생각을 알게 되었다.

순간, 나는 이 아이의 엄마이기 전에 한 사람으로서 감동을 받았다. 지식인의 사회적 책임과 인성을 운운하게 되는 요즘, 도덕적으로 잘 자라준 아이가 고마웠고 훌쩍 커버린 생각에 뿌듯함이 밀려왔다.

세계에서 교육열은 최고 수준이지만 삶의 행복지수는 하위권이라는 우리나라가 보다 행복한 나라가 되기 위해서는 먼저 우리 아이들이 꿈을 가지고 보다 행복한 공부를 해야 한다고 생각한다. 시험을 위한 공부만이 아니라 행복한 삶을 위한 공부도 필요하다.

수년 동안 나는 아이가 다방면에 남달리 특출하고 공부를 잘한다는 이유로 주변에서 어떻게 아이를 키웠는지 궁금해하면서 공부법을 공유해달라는 요구들을 많이 받았다.

양육에 있어 부족한 부분도 많았고 후회되는 일도 많지만, 장점이 있다면 공유하고 사회적 모성애에 대한 책임을 함께 나눌 수 있다면 의미가 있겠다는 생각에서 이 책을 쓰게 되었다.

'엄마를 버려야 아이가 산다'는 말은 엄마의 욕심이 오히려 아이를 망친다는 말이다.

── 서문 ──

아이를 낳기 전부터 유치원에 대기를 걸어놓는다는 요즘 부모들의 교육열, 그리고 대학생 자녀의 학점 관리까지 한다는 헬리콥터 맘을 넘어서 드론 맘이 되고 있는 부모들에 대한 이야기를 듣고, 나는 진정으로 아이를 생각하는 부모라면 이런 부모들의 집착과도 같은 잘못된 사랑을 이제는 내려놓고 자녀의 인생을 길게 보고 자신의 길을 스스로 선택하고 한 걸음 한 걸음씩 자립하여 살아갈 수 있도록 교육했으면 하는 마음으로 글을 쓰게 되었다.

'엄마를 버려라'는 말은 자녀를 자신의 소유로 생각하고 자신의 뜻대로 움직이려는 손을 이제는 놓으라는 의미다. 그렇다고 필요한 부모의 역할까지 포기하라는 말은 절대 아니다. 누구보다 아이 편에서 돕고 지지하고 응원해주어야 할 사람이 부모이기에 한시도 눈을 떼지 않고 주시할 필요가 있다는 말씀을 당부하고 싶다.

아이가 넘어져도 훌훌 털고 다시 일어나 뛸 수 있는 저력 있는 아이로 성장할 수 있도록 우리는 아이에 대한 깊은 사랑의 눈을 가지고 지켜봐주고 도움을 주어야 한다. 그것은 아이가 걸어야 할 길을 부모가 대신 걸어주는 것은 결코 아닐 것이다.

사랑과 믿음으로 기다려주고 아이 스스로 깨우쳐 나갈 기회를 열어주고 다시 시작할 용기를 북돋는 것임을 깨닫기 바란다.

이 책을 통해서, 내 아이가 가야 할 길은 어떤 길인지, 그리고 앞으로 펼쳐질 아이의 미래를 위해 지금 어떤 준비가 필

―― 서문 ――

요한지 생각해보는 기회가 되었으면 한다.

상위 1%의 우등생을 위한 학습법은 어떤 것이 있을까. 자녀를 교육하는 부모라면 이런 것이 가장 궁금할 것이다. 상위 1%에 해당하는 아이의 지나온 길들을 돌아보았다.

먼저, 아이가 행복하게 공부했을 때 그것이 가능할 수 있다는 확신을 얻게 되었다.

행복한 공부가 아니었을 때는 상위 그룹에는 어떻게든 진입할 수 있을지 몰라도 그 이상의 자리는 얻기 힘들 것이라는 생각을 갖게 되었다.

또 하나는 성실함이었다.

초등학생이라고 해서 진학과는 거리가 있으니 여유롭게 놀기만 하고 중고등학생이 되니 다급해져서 밤잠 못자고 공부만 하는 것이 아니라, 어려서부터 생활 속에서 공부습관이 제대로 형성되어야만 그 위에 실력이 지속적으로 더해질 수 있으며, 본격적으로 학습에 대한 효과를 볼 수 있다고 생각한다.

모든 아이들은 타고난 재능이 다르다. 그리고 좋아하는 분야도 다양하다. 타고난 능력을 존중하고 잘 끌어내 준다면 교육 효과는 극대화될 것이다.

집을 지을 때 설계부터 필요하듯이, 자녀교육에도 아이에게 맞는 학습 계획이 필요하다.

이 책이 자녀교육에 힘들어하는 부모와 자기주도학습에 불안감을 갖고 있는 부모에게 조금이나마 믿음이 되고 도움이 될 수 있기를 바라고, 그리하여 부모들이 자녀에게 쏟는

―――― 서문 ――――

열성과 비용을 보다 효과적이고 최상의 결과로 보상받게 되기를 진심으로 희망한다.

우리의 한평생은 배움의 연속이다. 아이가 힘겹게 자라는 동안 부모인 나 역시도 함께 성장했음을 깨닫는다. 그래서 나는 늘 내 아이에게 감사한다.

그리고 부족한 엄마 밑에서 부모보다 더 나은 사람으로 자라주어서 고맙게 생각한다.

앞으로도 살아갈 날이 많은 아이이지만 섭리에 따라 더 나은 것이 예비되어 있음을 믿고 지금처럼 소중한 것이 무엇인지 알고 감사하며, 보다 가치 있는 삶을 살아주기를 부모로서 바란다.

 수많은 자녀교육서가 있지만 이 책이 한 줄기 희망이 되기를 소망하며, 진정한 자녀교육을 위해서는 읽고 그치는 것이 아니라 알게 된 것을 실천하는 것이 중요하다. 이제 마음을 열고 자녀를 지켜봐주는 부모로의 첫걸음을 내딛어보자.

CONTENTS

서문 4

CHAPTER 1 세상이 변하면 교육도 바뀐다

    4차 산업혁명, 차원이 다른 세상이 열린다   **16**
        인공지능의 놀라운 진화   **16**
        '인간'은 무엇과도 대체할 수 없는 존재   **20**
        시대가 요구하는 인재는 따로 있다   **22**

    이제는 창의성이 밥 먹여주는 시대   **25**
        철지난 유행가로 아이를 옭아매지 마라   **25**
        모든 가능성을 생각하는 열린 마음으로   **34**

    인성 위에 세운 진로 로드맵   **40**
        진로를 찾고 재능 끌어내기   **40**
        이제 우리 아이들의 경쟁상대는 세계의 인재들   **48**
        미래에 가장 요구되는 덕목은 융합적 사고와 인성   **53**

CHAPTER 2 부모 노릇 제대로 하기

    내가 낳았다고 내 소유는 아니다   **60**
        공원 벤치에서의 2세 고백   **60**

아이의 겉만 보지 말고 내면을 살펴라	68
자녀는 부모를 성장시키는 선물	74
부모가 감당해야 할 사명	81

아이의 능력에 맞는 교육이 참교육 　　　　84

속도와 방향은 제각각 다르다	84
학원이냐 자율이냐, 그것이 문제로다	90
부모는 아이의 거울	96

자녀에게 줄 최고의 선물 　　　　103

스스로 학습할 수 있는 역량 길러주기	103
독서 습관 물려주기	109
바람직한 부모 모습이 최고의 선물	116

초중고 선행학습의 관점과 방법 그리고 쓸데없는 것의 쓸모 있음 　　　　122

학원에서 만들어지고 과외로 다듬어진 아이가 아니다	122
우리 둘 사이가 고작 스마트폰으로 벌어지는 건 곤란해	134

CHAPTER 3　자녀 교육, 실패는 돌이킬 수 없는 후회만 남긴다

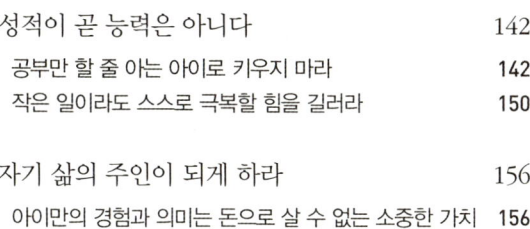

성적이 곧 능력은 아니다 　　　　142

공부만 할 줄 아는 아이로 키우지 마라	142
작은 일이라도 스스로 극복할 힘을 길러라	150

자기 삶의 주인이 되게 하라 　　　　156

아이만의 경험과 의미는 돈으로 살 수 없는 소중한 가치	156

독립심은 인생을 살아갈 강력한 힘 162
교육의 최종 목표는 행복이다 166

CHAPTER 4 자녀 교육의 성공은 인류애

큰 그림을 그려라 174
꿈꾸지 않으면 이룰 것도 없다 174
꿈조차도 강요하지 마라 180

기적은 반드시 일어나리라 186
준비된 사람만이 기회를 잡을 수 있다 186
최선을 다하되 나머지는 맡겨두어라 192
우물 안에서 벗어나 드넓은 세계로 199

에필로그
나는 왜 날마다 (한 줄이라도) 글을 쓰는 걸까요 206
스스로 하는 공부가 마지막에 웃던 걸요 211
영재고에도 공부만 잘하는 학생은 없었어요 215
진짜 꿈을 가져야 해요 219

CHAPTER 1

세상이 변하면
교육도 바뀐다

4차 산업혁명,
차원이 다른 세상이 열린다

인공지능의 놀라운 진화

"오늘 날씨 어때?"
"오늘 서울의 기온은 6도이며 곳에 따라 구름이 끼겠습니다."
"오늘은 어떤 음식이 좋을까?"
"치아 건강에 좋은 음식 6가지를 추천해 드립니다."

나는 오늘 아침에 눈을 뜨자마자 인공지능과 대화한다. 아침에 커피를 한잔 하는 동안 로봇 청소기는 곳곳을 누비며 내가 해오던 청소를 대신 해준다.

인간이 살아가기 편해지고 있다. SF 영화에서나 볼 법한 인간과 로봇이 함께 생활하는 미래의 모습을 그려보는 것, 그리 이상하게 들리지 않는 현실이 되고 있다.

로봇은 앞으로 인간이 감당하기 어려운 일을 대신 해줄 것이고, 인간의 한계를 뛰어넘는 방대하거나 난해한 데이터도 인공지능이 손쉽게 처리해줄 것이다.

이는 이미 알파고가 증명해보였다. 전지전능한 신만이 능가할 수 있다는 바둑계의 최고수를 알파고가 일방적으로 이겨버린 '사건'을 기억하는가. 5국 중 단 1국을 인간이 가까스로 이긴 것이 화제가 될 정도로, 인공지능은 이미 신계의 경지에 이르렀다.

컴퓨터를 기반으로 한 과학기술의 발달은 앞으로 정보뿐만 아니라 생산적인 것들 그리고 문제해결 방법들을 제시하고, 개인별 맞춤식 제안까지도 해주는 세상을 열고 있다.

이러한 과학기술의 발전은 우리를 설레게 함과 동시에 불안하게도 한다. 점차 인간이 설 자리를 잃어가는 것은 아닌가 하는 염려도 든다.

실제로 20년 내에 미국의 일자리 47퍼센트가 사라질 것이라는 옥스퍼드 대학의 발표가 있었고, 세계경제포럼WEF이 발표한 보고서에 따르면 선진국과 신흥시장을 포함한 15개국에서 기술의 변화로 700만 개의 일자리가 사라지고, 200만 개의 새로운 일자리가 생긴다고 한다.

이쯤 되면, 여기저기에서 축복처럼 말하는 '4차 산업혁명'이 사실은 일자리를 줄이고 인간을 오히려 인공지능의 노예로 만들어 인간미를 거세시키는 재앙과도 같은 시대를 부르는 것은 아닐까.

그러나 4차 산업혁명을 말하는 많은 전문가들은 이렇게 말하며 우리를 위로하고 안도시킨다.

"기술의 혁신으로 많은 기존의 일자리가 사라질 것은 당연하지만, 그동안 우리가 경험하지 못했던 많은 새로운 일자리가 생길 것이다."

그렇다면 우리는 새로운 일자리에는 과연 무엇이 있는지, 깊은 관심을 기울이고 주의 깊게 알아볼 필요가 있다.

인간의 욕구에 대한 많은 이론 중에 가장 널리 알려진 매슬로우의 욕구 5단계설에 따르면 생존, 안정, 사회성, 자기표현에 이어 마지막 단계가 '자아실현의 욕구'이다. 이 이론에 따르면 4차 산업혁명은 결국 자아실현을 충족시키는 혁명이라고 할 수 있다.

일자리들이 모두 사라져 인간이 위협을 받는다기보다는, 인공지능으로 상징되는 로봇은 계속해서 진화하여 결국 인간의 자아실현을 돕는 역할을 담당하지 않을까, 기대한다.

이런 관점에서 본다면, 우리는 앞으로 소모적인 논쟁이나 실행의 틀에서 벗어나야 한다. 우리 자신의 본질적인 가치를 깨닫고 실현해 나가기 위해 보다 심도 있는 논의의 토대에서 노력해야만 우리가 낳은 과학기술의 산물들로 인해 더욱 행복할 수 있지 않을까 싶다.

인문의 가치를 깨닫고 실현하는 것이야말로 자아실현의 길이라 할 수 있다. 미래를 열어갈 자녀교육을 염려하고 그에 힘을 기울이는 우리 부모들로서는 자아실현을 위한 시대적 흐름에서 인문혁명이 이제 우리 아이들의 미래가 될 것임을 염두에 두고, 관심을 기울일 필요가 있다고 생각한다.

'인간'은 무엇과도 대체할 수 없는 존재

얼마 전, 미국 라스베이거스에서 열린 최첨단 IT 전시회 'CES 2018'의 일부 전시장에서 정전 사태가 벌어졌다.

전시장 내 조명이 모두 꺼지고 와이파이WiFi 서비스가 일시에 중단되자 모든 기계 작동은 멈췄고 행사는 더 이상 진행될 수가 없었다. 이로 인해 관람객들과 참가 업체들이 적잖은 피해를 입었다.

인공지능을 비롯한 과학기술이 아무리 눈부시게 발달하더라도 최적화된 환경이 바뀌면 한순간에 무용지물이 될 수도 있다는 좋은 본보기를 보여준 사건이었다.

인간은 꿈이 있고 소망이 있어서 축적된 경험과 전혀 다른 변화가 가능한 존재다. 인공지능이 무한으로 진화하여 뭐든지 가능하게 해줄 것 같지만 그런 로봇이 등장한다고 해도 인간만이 가질 수 있는 능력은 분명히 존재한다.

인간에게는 희로애락이 있다. 새로운 환경에서도 느끼는 감정이 각기 다르다. 인공지능에 모든 순간의 감정까지 기록되도록 한다고 한들, 생명력 있는 인간의 솟아오르는 욕망과 감성과 변화무쌍한 생각들을 어찌 이해하겠는가. 많은 과학자들은 앞으로의 무한한 가능성을 말하고 있지만, 인간이 지닌 개성과 감성은 저마다의 고유성으로, 누구도 따라할 수 없는 영역이 아닌가 하는 생각이다.

그런 특성을 생각하면 인간은 기계와 비교될 대상이 아니다. 인간은 감각과 지성을 통해 과학기술의 산물들이 인간을 더욱 유익하게 할 수 있도록 다루어야 한다. 나아가 모든 의사결정의 정점에는 인간이 있어야 한다.

우리는 인간의 몸이 할 수 없는 것들을 대신 해주는 로봇과 모든 데이터를 모아 수행할 수 있는 인공지능의 능력을 적절하게 활용하면 되는 것이다.

그러기 위해서는 미래를 위한 교육이 절실해 보인다. 언제까지 우리 아이들 대다수의 맨 앞자리를 차지하는 꿈이 교사이고 공무원이어야 하는가. 고용이 극도로 불안한 시대에 자라난 아이들이다 보니, 꿈이 사라진 자리에 안정된 직업 욕구만 가득하게 된 현실을 납득하지 못할 바는 아니지만 이래서는 우리 사회에 무슨 희망이 있을 것인가.

교사나 공무원을 폄하해서 하는 소리가 아니라 현실적인 욕망에 따라 일그러진 직업관이 만연한 것이 안타까워서 하는 소리다. 그러니, 진정으로 자신만의 매력을 찾아가는 교육이 필요하다는 것이다.

우리 아이들이 진심으로 원하는 것이 무엇이며 어디에 가치를 두고 있는지, 이제는 자신을 들여다보는 시간을 갖게 하자는 것이다. 그리고 그에 필요한 역량을 키워나갈 수 있도록 기회를 주어야 한다. 이것이 미래를 살아갈 우리 아이들이 현 시점에서 준비해야 할 과제가 아닐까 생각한다.

시대가 요구하는 인재는 따로 있다

변화가 빠른 무한경쟁 시대가 되었다. 무엇보다 새로운 기술에 빠르게 적응하고 대응할 수 있는 인재가 각광받는 시대가 되었다.

그리고 사회는 누구도 시도하지 않은 새로운 기술을 개발해내는, 남들과 다른 사고의 인재를 원한다.

기존에 안정적인 직업들도 새로운 기술들로 인해 심각한 위협에 직면하면서 이제는 변화하지 않으면 살아남기 힘든 상황에 놓이게 되었다. 전혀 새로운 것들을 창출해야 하고, 보다 효율적이고 활용도가 높은 것들로 기존의 것들을 변화시켜야 한다. 그러니 과거의 방식이나 틀에 박힌 인재는 더 이상 환영받지 못하게 되었으며, 시대의 흐름을 읽고 대처하는 능력은 이제 기본조건이 되었다.

그러나 현실은 이러한 새로운 환경을 경험해 본 인재를 찾기 힘들고, 그렇다고 예전처럼 보통의 인재를 계속해서 등용하는 것은 변화하는 환경 속에서 뒤처질 수밖에 없다는 것 또한 기정사실이다.

> 4차 산업혁명에서 인간과 인공지능의 역할은 각각 창조적인 일과 반복되는 일로 나뉘게 될 것이다. _ 이민화(카이스트 교수)

우리는 자녀를 양육하는 데 있어 이와 같이 시대에 따른 인재상의 변화를 인식해야 하고, 내 자녀가 시대의 요구를 충족할 수 있도록 새롭게 준비하지 않으면 안 된다.

현재 우리의 교육에서 길러지는 스펙 중심의 인재는 창조적인 일에 적합한 인재라고 보기 어렵다. 인터넷에서 검색되는 내용을 많이 알고 있는 것은 더 이상 차별화된 인재상이 아니다. 보다 창의적인 능력을 가지고 융합적인 사고로 협력하는 인재라야 미래의 인재라 할 수 있다.

그래서 대학에서도 마찬가지로 과거처럼 정량 평가가 아닌 학생들을 하나의 인격체로서 정성 평가를 한다. 미래의 인재를 양성하기 위해 현재 수치로 나타난 점수는 일부일 뿐, 그 너머로 기본적인 능력들을 보고자 한다.

그 능력에는 학업에 임하는 태도와 습관, 전공에 대한 열정과 노력, 이 모든 것들을 스스로 찾아 계획하고 학습해 나가는 자기주도적인 능력을 중요하게 생각한다. 많은 부모들이 생각하는 학교 성적의 완벽함보다 훨씬 우위의 능력들을 본다는 것이다.

부모들이 더 이상 과거에 머물러 있어서는 안 된다. 자녀의 현재를 진단하고 꿈을 이루기 위해 끊임없이 노력하는 아이로, 그리고 미래 인류를 위해 기여할 꿈을 꾸는 아이로 성장하도록 도와야 한다.

자녀의 잠재력을 끌어내주어 가치 있는 일을 꿈꾸게 하고, 결국 행복하게 살 수 있도록 하는 것이 우리 부모가 자녀에게 해줄 수 있는 최고의 선물이 아닐까.

이제는 창의성이
밥 먹여주는 시대

철지난 유행가로 아이를 옭아매지 마라

교육의 열정이 남다른 부모들 덕분에 우리나라는 역사의 소용돌이 속에서도 경제대국으로 성장하여 세계 속에 존재감을 우뚝 세우게 되었다. 세계에서 본받고 싶을 정도로 대단한 우리만의 교육열이 빚은 결과라 할 수 있다.

문제는 앞으로 우리가 맞을 미래가 그리 밝지만은 않다는 것이다. 창의성을 갖추지 않고서는 글로벌 무한경쟁에서 살아남기 어려운 시대가 되었기 때문이다. 기존의 주입식 교육으로는 변화무쌍한 글로벌 시대에 대처하기란 쉽지 않다. 보다 창의적인 교육이 어려서부터 필요한 이유이기도 하다.

창의 교육이라고 하면 많은 부모들은 너무 어렵게 생각하는 경향이 있다.

내 아이의 돌잔치를 예로 들어보겠다. 아이가 주인공이지만 가장 고생스럽기도 한 날이다. 종일 많은 손님을 치러내야 하는 번잡한 날, 내 아이 돌잔치의 기억은 이렇게 남아 있다.

이날 아이가 힘들어할 것이라 짐작하고, 장난감 자동차의 바퀴 아래 스프링이 달려 있어서 제자리에서도 위아래로 흔들거리는 슝슝카를 준비해 갔다. 종일 슝슝카를 타며 견디는 것도 겨우 돌을 맞은 아이에게는 한계가 있었다. 나로서는 손님을 접대하는 것도 중요하지만 아이가 그 순간조차도 뭔가를 제대로 습득하도록 하는 것이 더 중요했다. 마침 뷔페식당에 방울토마토가 보였고, 종이컵 두 개에 방울토마토를 가득 담아 이쪽저쪽으로 옮기며 나누고 합치고 덜어내기를 반복했다.

그날이 어른들에게는 돌잔치 날이었지만, 주인공인 내 아이는 긴긴 하루 동안 엄마와 수 개념을 처음으로 익힌 날이었다.

요즘 수백 만 원을 호가한다는 창의 수학을 나는 생활 속에서 실행한 것이다. 그날 이후로 비슷한 수 개념을 이야기할 때에, 돌배기 아이임에도 눈을 반짝거리며 반응하고 이해했던 것을 나는 확실히 기억한다.

아이들의 교육은 장소와 시간에 구애받지 않고 이루어질 수 있으며, 교재나 교구가 주어지지 않아도 이루어질 수 있다. 이후로도 생활 속의 수학 교육은 때와 장소를 불문하고 수시로 이루어졌다. 중학생이 되도록 학원을 다니지 않고서도 기본 개념이 확실히 잡힌 최상위 클래스를 유지할 수 있었던 비법은 바로 그것이었다.

창의적인 소양은 가정에서부터 시작된다고 생각한다. 미래의 창의적이고 혁신적인 일을 이루기 위해서 가장 필요한 것은 인재일 것이다. 물론 기술이나 자본도 중요하겠지만 좋은 인재가 가장 좋은 자산이라는 점에 누가 이견을 달 수 있을까.

창의적이기 위해서는 우선 기초가 잘 갖춰져 있어야만 한다. 기본적인 인성과 교양 그리고 상식이 풍부해야 한다. 또한 사고하는 능력을 길러야 한다.

학교에서 이 모든 것이 길러질 것이라는 것은 희망사항일

뿐이다. 내 자녀가 소중한 만큼 쉼 없이 가정에서 창의교육이 이루어져야만 한다. 그 시기는 따로 없다고 생각한다. 어리다고 두고볼 필요는 없다. 부모가 마음먹은 시점이 바로 교육할 시점이라 생각한다.

이제는 점수를 따내기 위해 급급해서 기계적인 공부만 하는 학생은 더 이상 경쟁력이 없다. 근본적이고 깊이 있는 진짜 공부가 필요한 시대가 왔다.

최근 대입 제도가 무척이나 복잡하다. 미리 준비하지 않고 계획도 없이 점수만 잘 받아 대학에 가겠다는 것은 학력고사 시대에나 통하던 먼 과거 이야기가 되었다.

자신의 진로가 어떤지, 전공을 어떤 것으로 해서 어떤 직업을 가지고 앞으로 살아갈지 구체적으로 고민하지 않고 대학을 가려 하는 것은 목적도 없이 여행길에 오르는 것이나 다름없다.

다른 아이들이 너나없이 가는 길이 내 아이에게는 좀처럼 맞지 않은 길일 수도 있고, 아무도 가지 않는 생소한 길이 내 아이에게는 안성맞춤으로 맞는 길일 수도 있다. 그럼에도 불구하고 아직도 많은 부모들은 과거의 먼 기억들로 아이들을 추궁하듯 기계적인 공부만을 요구하고 있다. 자녀에게 보이지도 않는 전망을, 원하지도 않는 진로를 강요하기도 한다.

나는 아이를 음악가로 키우려는 한 아이의 엄마와 상담하면서 마음이 많이 아팠다.

아이의 엄마는 결혼 전 음악을 하고 싶은 마음이 간절했다. 그러나 형편상 음악 공부는 하지 못하고 대기업에 다니는 남편을 만나 결혼을 했다. 결혼 후 얼마 지나지 않아 아이를 갖자 이 엄마는 아이가 태어나면 반드시 자신이 못 이룬 꿈인 음악가로 키우겠다고 마음먹었다.

이 엄마는 아이가 다섯 살이 되자 바이올린을 쥐어주었다. 그리고 훌륭한 바이올린 선생을 집으로 불러 과외를 시켰다. 그때부터 아이는 엄마의 꿈을 대신 이루어줄 음악가가 되어야 하는 인생이 되어버렸다.

초등학생 때도 엄마는 매니저처럼 항상 방과 후 레슨을 받으러 아이를 데리고 멀리까지 다녔고, 오케스트라 연습에 합류하기 위해 숨이 가쁘도록 스케줄을 소화해야 했다.

아이는 소원대로 예원학교에 합격하여 더 왕성하게 음악 공부를 하게 되었고, 피나는 노력 끝에 최고의 예고를 졸업하게 되었다.

그런데 부모가 원하던 명문 대학에 합격하고 나서가 문제였다. 아이는 학교에 다니기가 싫어졌다. 결석이 하루 이틀 지나 계속되고 하루도 거르지 말아야 하는 연습과 레슨도 거부하기 시작했다. 방안에 틀어박혀서 나오지 않는 날이 많아지면서 엄마의 속은 시커멓게 타들어갔다. 엄마는 아이가 대학을 졸업하고 유학도 다녀와서 번듯한 무대에 서기만을 고대하고 있었는데 계획대로 되지를 않았다. 아이는 1년이 다 되어가도록 학교를 다닐 생각도 안 하고 엄마와는 얘기도 하려 하질 않았다.

아이는 지금껏 단 한 번도 바이올린 연주를 하고 싶었던 적이 없었고, 엄마가 하라고 해서 어쩔 수 없이 지금까지 해 온 것이라고 했다. 그러나 이젠 어깨도 너무 아프고 한 쪽 팔이 견딜 수 없이 아파서 더는 바이올린을 연주하지 못하겠다고 울먹였다. 자기 인생이 엄마 때문에 엉망이 되어버렸다는 것이다.

이 엄마는 하늘이 무너지는 것만 같았다. 자신이 하고 싶어도 못해 본 것을 최선을 다해 아이가 최고가 되도록 이끌어 놓으면 아이도 행복하고 자신도 행복할 것이라 생각했다. 그런데 아이는 자기 인생을 엄마가 망쳤다며 엄마를 보려고도 하지 않는 것이다.

그렇게 온 가족이 2년의 악몽 같은 시간을 보낸 끝에야 아이의 엄마는 아이에 대한 욕심을 모두 내려놓게 되었다. 그리고 미안하다고 몇날 며칠을 목 놓아 울며 아이의 마음을 위로했다.

이렇게 힘든 2년 세월을 보내고서야 아이는 학교로 돌아가 공부를 마치고, 이후의 계획은 엄마의 개입 없이 스스로 준비하여 실행했다. 유학도 자기 뜻과 스케줄에 맞춰 진행했다.

우리의 아이들은 내 소유물도 아니고 나의 대리만족 도구도 아니다.

교육은 부모가 아니라 아이의 행복을 위해 행해져야 하지 않겠는가. 아이가 하고 싶은 일을 하고 행복하게 살아가기 위해서는 부모의 진정한 사랑이 필요하다. 진정한 사랑은 아이가 힘들어하는 것을 강요하지 않는 것이다. 아이가 정말 잘되기를 소망하는 것이다.

아이를 진정한 사랑의 눈으로 보면, 이 아이가 사회에 나가 훌륭한 영향력을 끼치는 사람이 되길 바랄 것이다. 그렇지만 준비해 가는 과정이 힘들지 않고 기쁘게 준비해 나가기를 바라게 된다. 그렇다보니 즐겁고 효율적으로 준비해 나갈 방법을 끊임없이 찾게 된다. 아이는 즐겁고 재밌게 준비하면서 결국 좋은 결과를 낳게 되는 것이다.

주변에 이른바 명문 대학을 다니다가 자신과 맞지 않아 다시 대입을 치루고 다른 전공으로 입학을 하는 경우를 종종 보게 된다. 물론 늦게나마 다시 자기 길을 찾게 된 것은 다행이지만 청춘을 그렇게 허비하다니 얼마나 안타까운 일인가.

공부를 잘하고 집안 형편이 좋은 아이일수록 이런 경우가 빈번하다는 것은, 자신의 성향과 진로에 상관없이 무조건 상위권 대학에 들어가고 보는 것이 잘 먹고 잘사는 데 유리하다는 부모들의 과거 경험이 현재를 살아가는 아이들에게 오히려 독이 되고 있는 것은 아닌지 생각해보아야 한다. 시대가 변했으니 부모의 입시 경험이 아이에게도 유효하리라는 착각은 이제 버려야 한다.

교육 현장의 교사들조차도 잘 이해하지 못할 정도로 현재 대학 입학 전형은 복잡하고 난해하다고 하소연한다.

이렇게 복잡한 입시에서 살아남는 방법은, 내 아이가 꼭 필요한 공부를 하고, 진로에 맞는 활동을 하면서 자신의 목표와 꿈을 찾아가는 진정한 공부를 하는 것이라 생각한다.

이렇게 주도적으로 공부하는 아이에게는 교육제도가 수시로 바뀌는 것이 그리 큰 문제가 되지 않는다.

흔들림 없이 그저 묵묵히 자신의 길을 가면 되는 것이고, 자신에게 필요한 공부에 최선을 다하면 결국 길은 열리기 때문이다. 내 아이도 그런 방법으로 공부해왔다.

기계적으로 틀에 박힌 공부가 이제는 오히려 잘못된 방법이 되고, 예전에 쓸데없다 생각했던 것들이 꼭 필요한 공부가 될 수 있는 현실이 온 것이다.

하루 종일 컴퓨터 게임에만 빠져 지낸다고 꾸중을 듣던 아이가 세계적인 프로게이머가 되기도 하고, 책상에 앉아 종일 공부만 하던 친구가 자신의 길을 못 찾아 헤매고 있기도 하는 시대이지 않은가.

지식도 변하고 가치도 변하고 수요도 변하고 있다.

부모가 아는 20년, 30년 전의 지식이 전부가 아닐 수 있고 오히려 잘못된 지식일 수도 있다는 사실을 기억하고, 부모부터 솔선수범하여 항상 공부하는 자세를 유지하는 것이 무엇보다 중요하다. 늘 배우는 부모라야 자녀와의 소통이 가능하며 시대의 흐름을 놓치지 않고 주도해 나갈 것이라 생각한다.

이제는 부모가 일방적으로 훈계만 하는 시대는 지났다. 아이들의 생각과 판단을 보다 존중해주어야 하며, 아직 어리지만 아이의 의견을 중심으로 가족의 지혜를 모아야 할 시대가 온 것이다.

모든 가능성을 생각하는 열린 마음으로

나는 결혼하자마자 시부모님과 10년을 넘게 살았다. 주말이면 종종 시부모님을 모시고 식사도 하고 바람도 쐬곤 했다. 가족이 함께 이동하는 차 안에서는 항상 이런 저런 이야기꽃이 피었다. 시부모님은 어린 손자의 재롱도 재롱이지만 무엇보다 조잘조잘 이야기하는 것을 기특하게 여기셨다. 그래서 행복한 시간이었다. 그런 이야기도 한두 해가 지나니 새로울 것도 없어서였을까, 어느 때부터인가 이야기 끝에는 항상 '끝말잇기' 게임으로 마무리를 짓게 되었다.

아이는 한글을 일찍 깨쳐서인지 6~7세 때부터 제법 어른들과 말상대가 되었다.

처음엔 두 글자로 시작해서 어느덧 세 글자 단어, 얼마쯤 지나서는 네 글자 단어로 시합이 붙게 되었고, 순서를 정해서 돌아가며 하기도 했고, 엄마랑 1차전, 아빠랑 2차전, 그다음 할머니, 할아버지… 하는 여러 방법으로 게임을 했다.

아빠랑 할아버지는 아이의 기분을 보아가며 종종 져주기도 하면 좋으련만, 아이 앞에서 절대 물러서지를 않는다.

애한테 간신히 이겨내서 아이 기분을 망쳐놓고는 뭐가 그리 좋은지, 아빠가 이긴 날이면 아이는 울상, 아빠는 유쾌한 하루였다.

이런 사소한 재미를 쌓는 시간들이 계속 되던 중에 아이가 초등학교 3학년이 되었을 즈음, 책받침 같은 것을 들고 다니며 뭔가 알 수 없는 단어들을 중얼중얼 외우는 것이다. 처음에는 별로 신경 쓰지 않고 지나쳤다. 그런데 그러는 날이 생각보다 오래 지속되는 것이다.

"그게 뭐야? 학교에서 외우라는 숙제니? 뭔데 그렇게 매일 외우고 다녀?"

"아니요~, 그냥 외우는 거예요."

"그냥이라니… 뭔가 이유가 있을 거 아냐?"

"……."

궁금해서 뭘 외우는지 유심히 봤더니, 화학 주기율표였다. 학교 앞에서 과학 학원 홍보물로 나눠준 것인데, 원소 기호와 원소 이름, 원소 주기율을 빼곡히 적어 코팅한 책받침이었다.

"이런 걸 뭐 하러 외우고 있어? 힘들게…. 너 이거 배우려면 아직 멀었어."

고등학교에 가서야 배울 만한 것들이었다.

"이거 외워두면 쓸 데가 많을 것 같아요."

"과연 이걸 어디다 쓸까?"

"쓸데가 있을걸요."

아이는 혼자서 신나하면서 열심히도 외웠다.

무슨 초등학교 3학년생이 중학생 형들 영어 단어 외우듯이 옆구리에 끼고 다니며 수시로 확인해가며 쉴 새 없이 외우고 있는 것이다. 지금 해야 할 것도 아닌데 쓸데없이 그런 거나 외우고 있는 아이에게 지금 시점에서 필요한 영어나 수학 공부를 강조하고 싶은 생각이 불쑥불쑥 들었다.

그러고는 얼마 지나지 않아 가족이 모두 근교로 소풍을 나갔다. 여느 때처럼 아빠의 회사 일, 내 일들, 아이 학교생활 등 여러 가지 대화 끝에 '끝말잇기'가 시작되었다.

아이가 제법 어휘력이 늘었다는 생각을 하면서, 나는 속으로 이제는 역사 관련 책들도 서서히 접하게 하는 게 지금의 내 아이 수준에 필요한 걸까를 잠시, 그렇지만 골똘히 생각하고 있을 때였다.

"장발!"

"발견!"

"견~ 어려운데… 아, 견문!"

"문진! 하하하."

"진리! '리'자는 어려울걸. 끝난 것 같네. 허허허…."

아빠가 기어이 아이를 또 이기려던 순간이었다.

"아직 안 끝났어요. 리튬! 어디 '튬'자로 시작해보시죠. 큭큭큭."

아이는 절대 지지 않았다. 헬륨, 칼륨, 칼슘, 나트륨, 코발트, 카드뮴, 이리듐, 코베르니슘, 아르곤… 어려운 끝말이 끝도 없이 아이에게서 나오는 것이었다.

'화학 원소 주기율표를 외운 이유가 여기 있었구나!'

아이는 친구들하고 끝말잇기를 하면 한 번도 지지 않았다. 밖에 나가면 소극적이고 나이에 비해 얌전하게만 보이던 아이가 이기고 싶은 열정이 가득했고, 주기율표를 외우는 방법으로 어디를 가든 누구를 만나든 끝말잇기의 최후 승자가 된 것이다.

그 후, 어느 날부턴가 이제는 파이, 즉 원주율을 50자리까지 외우고 다니는 게 아닌가. 3.141592653589793238….

숫자를 3개씩 묶어서 외우는 게 낫다는 아빠와 4개씩 묶는 게 편하다는 아이.

"이건 또 왜 외우는 건데~?"

"그냥요~. 아무도 모르는 걸 알고 있으면 좋잖아요."

응용적인 사고는 사소한 것부터 적용하고 그로부터 새로운 것을 재창출해 내고자 하는 생각에서 시작되는 것이라고 할 수 있다.

지금 시대가 요구하는 인재상은 창의성과 더불어 융합적인 사고를 할 줄 아는 사람이다. 융합은 어려운 것이 아니다. 응용할 줄 알고 새로운 분야를 창출하는 과정에서 얻어지는 것이다.

어릴 적 아이들의 사소한 노력과 생각들이 우리의 생각을 뛰어넘는 융합의 과정일 수 있다. 초등학교 때부터 하나에 다른 하나를 연결하여 생각하고 조합하고 연계하는 습관들이, 아이가 영재학교 과정에서 과학을 통한 융합을 공부하는 데 지속적으로 그 기반을 만들어 나가는 것을 보게 되었다.

열린 사고와 융합하는 지식, 그리고 벼락치기가 불가능한 창의적인 생각이야말로 시대가 원하는 것이며, 급변하는 4차 산업혁명을 말하는 이 시대에 꼭 필요한 조건이 아닐까 생각한다.

아이들의 사고와 행동을 부모의 기준에 맞춰 규제하기보다는 열린 마음으로 모든 가능성을 열어두고 부모가 상상하는 것보다 훨씬 더 나은 미래가 아이에게 펼쳐질 것을 기대해 보면 어떨까.

인성 위에 세운
진로 로드맵

진로를 찾고 재능 끌어내기

우리의 미래를 똑같은 경험과 똑같은 생각을 가진 이들이 주도하게 된다면 어떨지를 한번 생각해보자.

자신의 미래를 스스로 설계해보지도 않은 아이들, 사회와 인류의 미래를 고민해본 적도 없는 아이들이 무조건 점수만 올려 좋은 대학에 들어가서 우리 사회를 책임지게 된다면 어떨 것 같은가.

평생직장이 무너지는 시대가 되었다. 기술의 혁신과 인간의 기대수명 연장으로 인해 직업은 다양해지고 있으며, 사회에서 요구하는 지식과 가치와 인재상도 변하고 있다고 이미 앞에서 언급했다. 하지만 아직도 부모들의 생각은 우리 자녀들이 안정적인 직장에서 오랫동안 일하기만을 원하고 있다.

현재의 획일적인 교육의 결과가 반짝반짝 빛나는 미래를 보장한다면 교육은 계속해서 그 방향으로 가게 될 것이다. 하지만 사회는 더 이상 스펙만을 강조한 인재를 선호하지 않는다. 현재 기업체에서는 블라인드 채용을 통해 스펙보다 직업 능력을 보려고 하고 있다.

대학에서도 마찬가지다. 더 이상 본인의 진로를 생각하지 않은 학생을 원하지 않는다. 자신의 진로에 대한 깊은 고민과 함께 노력을 해 본 사람이 대학에 가서 전공에 대한 열의를 가지고 공부할 것이고, 사회에서도 자신의 전공분야에서 더 뛰어난 성과를 낼 것이라는 것은 당연한 얘기이다.

현재를 살아가는 우리들도 요구하는 바가 달라지고 있다. 지금은 작은 하나를 소비하더라도 기호에 맞는 창의적인 것을 선호하고 장인의 가치를 높이 평가하며 좀 더 다르고 보다 특별한 것을 찾고자 애쓴다. 이렇듯 독창성과 고유성, 다양성을 인정하는 사회가 되었다.

이와 같이 다양성의 시대에 부모의 인식도 전환되어야 할 필요가 있지 않을까.

자녀교육에 있어 점수에 맞추어 대학을 정한다거나 무조건 좋은 대학부터 들어가고 나서 진로를 결정한다는 것은 이제 시대에 뒤떨어지는 생각일 것이다.

물론 부모들도 입시에만 치우친 교육을 원하지는 않을 것이다. 아이들 저마다의 재능과 흥미에 맞는 합리적이고 바른 교육을 누구나 원할 것이다. 하지만 입시에 치중된 교육환경에서 목표를 바르게 잡고 소신을 지켜나가기란 쉽지 않다는 것을 잘 안다. 나 역시 아이를 키우며 이러한 많은 갈등으로 어려움이 있었다.

그렇지만 우리가 신중하게 생각해봐야 할 것은 대학 진학이나 취업만을 위한 학업 목표를 세우고 아이의 진로를 결정했다가 아이가 자신의 소질과 능력에 맞지 않아 결국 전공을 바꾸는 일이 생긴다면 얼마나 손해겠는가. 전공을 바꾸지 않는다고 해도 평생 자신의 적성과 다른 길을 가게 된다면 얼마나 불행한 삶이 되겠는가.

진학 상담을 원하는 부모들에게 내가 가장 먼저 하는 말이 있다.

"우선 아이의 적성부터 파악해보고 진로를 생각해보세요.

그 후에 학교를 정하는 것이 맞습니다."

내 아이는 영재고등학교를 다녔지만 대학 입시에 좋은 성과를 낸 학교라서 진학한 것은 아니다. 아이는 초등학교 3, 4학년 때부터 수학과 과학에 특별한 흥미를 보였다. 사실 더 어릴 때에는 글쓰기를 잘하는 듯싶어 문과의 성향이 강하다고 느꼈지만, 갈수록 아이는 과학 관련 도서를 즐겨 읽고 수학적인 사고를 했다. 성적도 수학과 과학에서 확연히 뛰어났다.

아이가 진정으로 하고 싶어 하는 것이 무엇인지 대화와 관찰을 통해 오랜 시간 세심히 들여다보고 장점을 잘 살펴보는 등 종합적인 근거를 통해 판단해본 결과, 이공계로 진학하는 것이 좋겠다고 결정한 것이다. 결정 후에도 아이들은 언제든지 변할 수 있기에 변화의 가능성은 항상 열어두었다.

나는 아이가 이공계 공부를 하기 위해서는 어떤 길들이 열려 있는지를 먼저 알아보았다. 그러던 중에, 우리나라에서 인재를 인재답게 양성하고 있는 최고의 고등학교를 발견하게 된 것이다. 그래서 그 학교가 들어가기에 얼마나 어려운 학교인지도 모른 채, 겁도 없이 선행도 되어 있지 않은 상태에서 이미 마음으로 결정하고 만 것이었다.

나는 '진학은 아이의 능력을 찾아내고 이를 성장시켜 세계적인 인물로 교육하기 위한 것'이라고 늘 생각해왔다. 그럼에도 주변의 정보력이 좋은 엄마들 틈에서 소신을 지키기란 쉬운 일이 아니었다. 그래서 나는 마음의 결정을 내린 후부터 학부모 모임을 의도적으로 멀리했다. 학원들의 소란스러운 설명회와도 거리를 두었다. 정말 중요한 정보는 학교 사이트에 들어가면 다 있다. 그리고 궁금한 것들은 선생님들께 직접 여쭤보든지, 진학하고자 하는 학교에 문의하는 것이 가장 정확한 정보라는 것을 알고 있었다.

주변에서 전해오는 수많은 이야기들은 불안감만 조성하는 내용들이 너무 많고 결정한 마음마저 흔들어놓기 좋을 내용들이어서 일부러 나를 붙들어놓고자 부단히 노력한 것이다.

한번 생각해보자. 그동안 '아이를 위한 모임'이라는 것이 얼마나 아이를 위한 것이었는지를, 부모의 인맥 관리나 여러 욕구를 만족시키기 위한 것이 우선은 아니었는지를.

아이를 양육하고 교육하는 데 조언이나 어려움을 나눌 친구들과의 모임이 나쁘다고는 절대 생각지 않는다. 단지, 중요한 선택을 했으면 휘둘리지 않고 집중할 필요가 있다는 말을 하고 싶은 것이다. 주변에 좋은 사람들과의 관계를 소중히 유지하는 것이 삶에 얼마나 중요한 일인지 살수록 실감한다. 그리고 엄마의 노고는 누구나 하기 때문에 쉬운 일 같지만 얼마나 위로가 필요한 일인지는 엄마만이 안다. 이를 같은 환경에 놓인 학부모들과 교류를 통해 소통하는 자체만으로도 큰 위로가 된다. 하지만 너무 많은 정보나 지나칠 정도로 소란스런 모임은 오히려 나의 주관을 흐리게 하는 독일 수도 있다고 생각한다.

누구와의 비교도 아닌, 소신을 가지고 내 아이의 능력에 맞추어 최고의 역량을 끌어내도록 집중하여 노력한다면 최상의 결과는 자연히 따라오리라 생각한다. 이것이 내 아이에 대한 최선이고 부모에게는 최고의 보람이 아닐까.

취업이 잘 되는 대학이나 그러한 대학에 잘 보낸다는 고등학교에 자녀를 입학시키기 위해 밤낮으로 애쓰는 부모들에게 다시 한 번 당부하고 싶다.

우선 아이를 잘 파악하여 적성에 따른 진로를 찾고 그에 맞춰 아이에게 맞는 학교를 선정하기 바란다.

부모라면 내 아이의 장점을 잘 끌어내어 줄 학교를 알아보는 눈이 필요하다. 아이가 진학하고 싶은 학교에 대해 적극적으로 알아보고, 아이에게 얼마나 잘 맞는지도 꼼꼼히 살핀다면 그러한 눈은 자연히 생겨나게 된다.

아이들은 각자 자기만의 우수성을 타고난다고 한다. 내 자녀의 우수성을 외면하지 말고 그 우수성을 잘 발현시켜 세계적인 인물로 키워줄 학교를 찾아보자. 미래에 내 자녀를 필요로 하는 어느 곳에서든 자신의 역량을 충분히 발휘하며 꼭 필요한 사회의 일원이 되도록 교육받고 성장할 기회를 이제는 만들어주자.

이것이 진정한 교육이자 의미 있는 부모의 역할이라 생각한다.

진로에 도움 되는 체험 및 프로그램

1318박물관 멘토스
박물관과 관련된 전문 직종 탐색, 체험
국립민속박물관 www.nfm.go.kr / 02-3704-3114
어린이박물관 www.kidsnfm.go.kr / 02-3704-4524

키자니아
진로 탐색을 위해 다양한 직업 시설들을 직접 선택 체험
www.kidzania.co.kr / 1544-5110

헬로우 뮤지엄
작가와의 만남, 만들기, 그리기 등 예술 체험이 가능한 어린이 전문 미술관

www.hellomuseum.com / 02-562-4420

일일직업체험
서울시립 청소년직업체험센터 하자센터, 창조산업 분야 수업
www.haja.net / 02-2677-9200

어린이해양문화체험관
어린이를 위한 해양역사박물관으로 해양 문화와 역사에 관련한 놀이 학습 공간
www.seamuse.go.kr / 061-270-2000

국립중앙박물관 어린이박물관
문화와 역사에 대한 호기심을 관찰과 체험을 통해 키울 수 있는 곳
www.museum.go.kr/site/child/home / 02-2077-9647~8

경기도 어린이박물관
다양한 프로그램을 운영하여 체험할 수 있는 전시가 진행되는 박물관
www.gcmuseum.or.kr / 031-270-8600 (예약필수)

경찰박물관
경찰에 대한 정보 제공 및 체험교실
www.policemuseum.go.kr / 02-3150-3681

이제 우리 아이들의 경쟁상대는 세계의 인재들

나는 사전에 준비도 없이 무턱대고 양육이라는 커다란 과제를 안게 되었다.

준비는 되어 있지 않았지만, 그럼에도 불구하고 수많은 생각과 고민 속에서 최고의 아이로 키우고 싶은 간절함이 있었다.

아이가 교육을 본격적으로 필요로 하는 6~7세부터, 세계에서 통하는 아이로 키우려면 어떻게 해야 하는지, 세계 명문가들의 교육법에는 어떤 것들이 있는지, 세계에서 가장 똑똑하다는 유태인의 교육법은 어떠한지, 교육법에 대해 관심을 갖기 시작했다.

혹시 내 시야가 좁아서 아이가 더 높은 곳으로 이상을 펼칠 수 없다면 훗날 너무나 미안할 것 같았기 때문에 더욱 교육에 관한 상식을 습득하려고 애썼다. 내가 아이의 인생에 커다란 날개를 달아주지는 못하더라도 아이가 충분히 성장할 수 있는 가능성은 열어주고 싶었던 것이다.

나는 열린 생각이 결국은 큰일을 해낼 수 있다고 생각한다. 그래서 아이가 어린 시절에는 가정교육에 열심을 다하되, 생각은 열고 생활의 모든 면에서 교육이 이뤄지도록 세심하게 노력해 왔다.

나는 아이에게 좋은 성적을 강요하지는 않았다. 하지만 어린 시절 학습 습관을 바로 잡아주려고 무척 노력했다. 아이가 어릴 때는 어떤 쪽에 재능이 있는지 잘 알 수 없다. 그렇기 때문에 일방적인 교육을 강요하는 것보다는 아이가 가지고 있는 잠재력을 발휘할 수 있도록 끄집어내는 것이 무엇보다 중요하다.

진정한 교육은 국가나 사회에 유용한 인재를 가능한 한 많이 길러 내는 데 목적이 있는 것이 아니라, 저마다의 재능과 능력을 한껏 발휘하도록 하는 데 있다고 생각한다. 가정에서의 교육이 우선 중요하다는 생각에, 아이와 함께 있을 때나 그렇지 않을 때라도 항상 아이의 행동과 눈빛을 살폈다. 그리고 교육의 포인트를 놓치지 않으려고 노력했다. 이것은 학습에서 최고의 자리를 지키게 하는 것보다 더 많은 노력이 필요하다. 이것이 즉각적인 결과로 나타나지는 않더라도 궁극적으로는 학습에 두각을 나타내게 할 수 있는 기본이 되었다.

지금 우리의 교육과정 속에서는 학습 면에서 완벽한 학생이 반드시 세계 사회에서 인정받는다고 장담할 수는 없다. 내가 학원을 운영할 때에 학부모들과 상담을 하다보면 가끔 자신의 아이가 공부를 잘한다는 것으로 큰 자만심을 갖거나 자신의 아이가 최고라고 착각하는 부모들이 꽤 있었다. 물론 나 또한 그렇게 생각할 때가 있었다. 아이가 공부에서 조금이라도 두각을 나타내면 나도 모르게 어깨에 힘이 들어가고 더불어 달리는 말에 채찍질을 가하는 데 급급할 때가 있었다.

아이가 과학에 관심이 많고 그 분야에 탁월하다고 생각하여 영재학교를 입학시키고 나서 느낀 것이 있다. 중학교까지의 성적은 학업에 대한 열정만 있으면 곧잘 나오기 때문에 실제 아이의 수준을 가늠하기 쉽지 않다. 하지만 여러 면에서 심화된 고등학교에 가서는 다방면으로 잘 준비되어 있지 않은 아이는 성적도 곤두박질치고 학교 생활도 적응하기 어려워질 가능성이 크다.

영재학교에는 공부만 잘하는 아이들만 있지 않다. 교과 성적 외에도 해야 할 일들이 너무나 많다. 교내외 대회들도 접근해야 하고 연구 활동도 많다. 혼자 하는 연구가 아닌 팀 활동들이 대부분이다. 자연 탐사, 자율 활동, 동아리 활동 등 함께하는 활동이 꽤 많은 부분을 차지한다. 내 아이가 혼자서 열심히 노력하고 공부해서 시험을 잘 본다고 상급 학교에서도 잘 해낼 것이라는 생각은 단편적인 생각이다.

미국의 명문 대학들은 입학 심사를 할 때 학과 공부뿐 아니라 음악, 체육, 에세이, 리더십, 봉사활동 등이 다양하게 평가 항목 중에 들어 있다.

이 모든 것들의 기본은 성장기에 이루어지는 눈에 보이지 않는 소중한 가치에 대한 교육일 것이다.

우리는 내 아이가 나중에 어떤 사람이 될지 예측할 수 없다. 학습이라는 한 분야에서만 완벽하다면 원하는 곳에 진입도 하기 전에 불합격이라는 장벽에 막힐 수도 있다.

나는 모든 아이는 나름의 천재성을 타고 난다는 말을 믿는다. 단지, 그것을 미처 발견하지 못하고 키워나가지 못하기 때문에 사장되어 가는 것이 아닐까.

이제 우리는 아이가 학교에서 또는 우리나라에서 무슨 일을 할 것인가로 국한시키는 사고가 아닌 세계에서 통하는 인재로 만들어 나가야 한다고 생각한다.

이와 관련하여 공감되는 글(조벽, 동국대 석좌교수)을 정리하여 소개한다.

이제는 머릿속에 담긴 많은 내용이 아니라 무언가를 '할 수 있는' 능력이 중요하다. 한국의 가장 큰 교육 문제는 청소년들의 꿈마저 주입시키고 있다는 것이다. 창의성이란 요구하는 것이 아니라 허락하는 것이라고 한다면, "창의적이 되어봐"라고 요구하는 순간 창의력은 위축된다. 이런 말을 들은 아이는 아예 새로운 시도를 꺼리게 된다. 실패에 대한 두려움만 커진다. 이런 아이가 0.1% 미만의 성공률에 도전할까? '터먼 연구'(영재에 대한 가장 유명한 연구)는 '영재의 장기적 성패는 정신력, 습관, 가치관 등을 뜻한다.'

정보화 시대에는 지식을 얼마나 알고 있는가가 중요한 게 아니라 필요한 지식과 정보를 분별, 판단할 수 있는 능력과 정보와 지식을 종합하고 융합할 수 있는 능력, 그리하여 새로운 의미와 가치를 창출해낼 수 있는 능력이 중요하다. 단순히 더 많이 정확히 앎을 경쟁하는 시대는 이제 지나갔다. 알고 있는 것을 바탕으로 새로운 것을 창조해 나가는 시대가 왔다.

이를 위해서는 인성, 창의성, 전문성을 갖추는 노력이 절실하다고 하겠다.

_ 조벽, 《인재혁명》, 2018.

미래에 가장 요구되는 덕목은 융합적 사고와 인성

앞으로 우리 아이들이 살아갈 세상은 지식과 능력만으로는 살아가기 힘든 세상이다. 더욱 세밀하게 다양화되어가고 있는 세상에서 그 다양성을 인정하고 더불어 살아가야 하는 세상이기에 더욱 인성이 회복되어야 한다.

과학기술이 놀랍게 발전하고 있는 이때에 인성이 밑받침되지 않는다면 과학기술은 인간에게 오히려 재앙으로 작용할 수도 있다.

민승기 행복비전연구원장은 《인성이 경쟁력이다》라는 책에서 "자녀교육에 뿌리가 되는 가장 중요한 교육은 인성"이라고 말하고 있다.

세상은 인성에 주목하는 시대가 되었으며, 사회 전반에 걸쳐 인성을 기반으로 하지 않으면 경쟁력을 갖출 수 없다는 주장에 깊이 공감한다.

인성은 타고나는 것 같지만 지속적인 학습으로 환경이나 노력에 의해 만들어지는 것임을 아이를 키우면서 절실히 느끼고 깨달았다.

이렇다보니 대학이나 기업에서도 신입생이나 신입사원을 선발할 때 인성이 결여된 인재는 더 이상 원하지 않고 있다.

최근 뉴스를 보면 아이들이 끔찍한 사건을 모색하고 감행하는 일들을 접하게 된다. 인간다움을 배우기 전에 경쟁만을 강조한 결과가 아닐까. 따뜻함으로 바르게 교육하는 것은 다양한 사회적 문제가 야기되고 있는 현실에서 먼저 내 아이를 지키는 길이라 생각한다.

> 많은 사람들은 지식을 가지고 잠시 성공한다. 몇몇 사람들은 행동을 가지고 조금 더 오래 성공한다. 그런데 소수의 사람은 인격을 가지고 영원히 성공한다.
> _ 존 맥스웰

자녀 교육의 시작은 무엇일까. 우리 아이에게 정말 필요한 것을 고민하는 것이고 부모의 믿음과 신뢰 속에서 아이들이 지혜롭게 자라나는 것이 아닌가.

그렇다면 내 자녀에게 정말 필요한 것은 무엇일지 생각해보자.

첫째, 자아가 성장하도록 교육을 하되, 무엇보다 뿌리가 되는 인성교육을 하자.

어떤 학교에서 무감독 시험제를 도입해 양심적으로 시험을 치르는 학교가 있다는 말을 들었다. 서로가 경쟁 속에 있지만 올바른 사회인으로서의 기본 소양인 인성을 먼저 가르치기 위한 제도를 시행하는 그 학교가 멋지다는 생각이 들었다.

누가 보는 사람이 있든지 없든지, 자기 자신에게 부끄럽지 않는 아이로 성장하도록 가정에서부터 가르치자. 타인에게는 너그럽고 스스로에게는 엄격한 자기관리를 배운 아이는, 이것이 진실한 양심이 되어 이 사회에 대한 바른 책임감을 갖게 할 것이며, 세계무대에서도 당당하게 겨뤄 빛날 것이라는 확신이 든다.

도덕성과 인격이 성숙된 아이들이 결국 이 나라의 도덕성과 사회의 성숙을 좌우할 것이지 않은가. 책임감을 가지고 자녀의 인성교육에 힘쓰도록 하자.

둘째, 스스로 즐길 수 있는 공부를 하도록 환경과 여건을 만들어주자.

즐길 수 없는 공부를 대학 입시만을 위해 지나치게 집착하며 강박관념으로 열심히만 하도록 하는 것은 아이에게는 고통뿐일 것이다. 우리는 눈앞의 당장의 결과를 보느라 크게 생각하지 못하는 경향이 있다. 사소한 것에 목숨 걸지 말고 정말 중요한 것이 무엇인지 생각하고 그것을 따라 살아나가야 할 것이다.

'공부의 신'들이 이구동성으로 하는 얘기가 있다.

"진짜 공부를 하면 재미를 느낀다."

진정한 배움을 통해서는 창조적인 삶이 가능해지고, 그로 인해 큰 기쁨을 누리는 결과도 따르게 되는 것이다. 그리고 공부에서 위대한 꿈을 향해 매진하는 힘을 얻게 된다.

천재는 노력하는 자를 이길 수 없고, 노력하는 자는 즐기는 자를 이길 수 없다고 하지 않는가.

> 아는 것은 좋아하는 것만 못하고, 좋아하는 것은 즐기는 것만 못하다.
> _ 공자, 《논어》

셋째, 소통하는 아이로 교육하자.

능력을 가진 이들이 참 많은 시대이다. 하지만 그들이 일을 함에 있어 쓸모를 한번 생각해 보자. 이제는 아무리 능력을 많이 가졌다고 할지라도 혼자만 행동하여 활용하는 것보다는 서로가 맞대어 조합하고 창출해내야 하는 융합의 시대가 되었다.

갖가지 기술들을 융합하여 사람에게 보다 편리하고 만족감을 주는 새로운 것들이 탄생되고 있다. 컴퓨터를 잘해도, 전기 분야에서 아무리 똑똑하다고 해도, 디자인을 잘한다 해도, 쓸모 있는 무엇인가를 창출하려면 능력의 일체화를 이루어 나가야만 되는 세상이다.

그렇다고 이 모든 것들을 혼자서 다 잘할 수 있을까. 그럴 수는 없는 노릇이기에 인간끼리의 커뮤니케이션이 원활해야 가능할 것이다.

요즘은 가족 구성원이 과거에 비해 많지 않다. 형제가 없이 자라는 아이들도 많다. 공동체 의식은 기대하기도 어려운 시기에 놓인 것도 사실이다. 혼자 살아가는 데 익숙해져버린 우리 아이들에게 함께한다는 것의 즐거움과 기대 이상의 효과를 누릴 수 있는 배려를 지속적으로 교육해야 하겠다.

융합의 시대에 자녀를 왕따로 키우지 말자. 기본이 바로 서야 융합과 창조가 가능하듯이, 뿌리가 되는 인성과 더불어 소통하는 자녀로 성장할 수 있도록 교육 환경을 만들어주어야 마땅할 것이다.

CHAPTER 2

부모 노릇 제대로 하기

내가 낳았다고
내 소유는 아니다

공원 벤치에서의 2세 고백

장미가 한창이던 5월 어느 날이었다. 공원 벤치에 앉아 어렵게 입을 열었다.

"어머니, 저 이제 어머니께서 지어주신 한약 못 먹겠어요."
"아가, 그게 무슨 말이냐?"
"저~ 어머니, 손주 보시게 되었어요."
"아니, 그게 정말이냐? 어이구 잘 되었구나! 정말 고맙다, 아가. 네가 큰일을 했구나. 내가 이러고 있을 때가 아니지. 뭘 해야 하나? 애야, 어디 아픈 데는 없는 거니? 뭐 먹고 싶은 거는 없어?"

학창시절에 자유를 찾아 남으로 내려오신 실향민으로 평생을 외롭게 사신 시어머니는 눈물까지 글썽이시며 손주 소식을 반기신다.

남쪽에 일가친지라고는 한 손을 겨우 꼽을 만큼 귀한데다가 가족이라곤 부부 슬하에 아들 하나뿐이어서 명절이면 북녘을 바라보며 피붙이를 그리시던 시부모님께 결혼 4개월 만에 손주 소식을 드렸으니 그럴 만도 했다.

그런데 나는 기뻐서 어쩔 줄 몰라 하시는 시부모님들과는 좀 달랐다. 내 안에 생명이 숨 쉬고 있고, 나를 통해 나의 유전자를 닮은 아이가 태어난다는 것이 몹시 당황스러웠다.

'나는 아직 아무런 준비가 되어 있지 않은데… 부족한 내 모습을 닮아 나오면 어쩌지? 결혼생활의 계획도 아직 제대로 서 있지가 않고, 자녀 양육에 대한 아무런 지식도 갖추지 않았는데 지금 내가 자식을 낳으면 잘 기를 수 있을까?'

답답하고 불안하고 겁부터 덜컥 났다.

이 기쁜 소식에 마냥 행복해만 할 수도, 그렇다고 불안해만 할 수도 없는 노릇이었다.

이제부터라도 자녀 양육에 관련된 기사나 책부터 섭렵해

서 우리 부부보다 나은 자녀로 키워야겠다는 책임감이 들기 시작했다.

그때부터였다. 세계 명문가의 자녀들은 어떻게 교육을 하는지, 진정한 자녀 교육은 무엇인지, 맹목적인 교육이 아닌 본질적인 교육에 대해 차츰 생각하기 시작했다.

아이는 부모를 통해 세상에 나오지만 결코 부모의 소유물은 아닐 테고, 이 아이가 이 땅에 태어날 때에는 분명 어떠한 사명이 있을 것이다. 난 엄마로서 그것이 무엇인지 잘 살피고 뜻을 펼쳐낼 수 있도록 돕고 이끌어야 한다는 생각을 그때부터 갖게 되었다.

> 자녀들로 하여금 무엇인가를 마음에 새기도록 가르치기 위해서는 부모 자신이 먼저 배우는 것을 그만두어서는 안 된다. 즉, 매일매일 배우는 일에 정열을 쏟음으로써 비로소 한 가정의 가장으로 자녀들의 모범적인 교사가 될 수 있는 것이다.
>
> _ 루스 실로, 《유태인의 천재교육 53》, 2007.

자녀 양육에 대한 두려움으로 시작된 나의 첫 번째 태교는 의도치 않은 음악이었다. 물론 나 역시 처음에는 십자수와

뜨개질 등 당시 유행하던 것들로 태교를 하려고 애썼다. 그러나 음악을 공부하고 피아노를 가르치던 내가 종일 접한 것은 체르니, 소나타, 명곡집 등 하루 종일 아이들이 서툰 부분들을 수없이 반복하던 소음이라 할 수 있는 것들이었다.

'이러다가 나중에 음치 아이가 나오면 어쩌지?'

내심 걱정스러웠을 정도였다. 그래서 퇴근 후에는 아이의 두뇌 형성에 도움이 된다는 모차르트 음악들을 선별해서 모아둔 음반을 들으며 음악성 있는 아이로 키워보자고 작정했다.

'그런데 내가 좋아야 태교에도 좋은 영향이 가지 않을까?'

모차르트는 한두 곡 듣다보면 싫증이 났다. 당시 나는 바흐의 음악이 너무 좋았다. 바흐는 '음악의 아버지'로 불릴 만큼 서양 음악사에서 가장 위대한 작곡가로 꼽힌다.

바흐는 당시에 거의 모든 장르와 양식에 걸쳐 많은 작품을 남겼는데, 그중 나는 〈무반주 첼로 모음곡〉이나 〈파르티타 2번 중 샤콘느〉를 좋아하지만, 아이의 태교를 위해서 들은 음악은 바흐가 장남의 교육용으로 작곡한 〈클라비어 소곡집〉과 〈인벤션〉 그리고 〈평균율 클라비어 곡집〉이었다.

이 곡들은 주로 학습용으로 연습되었는데, 어쩌면 조금은 지루한 느낌을 줄지도 모른다. 하지만 어느 성부 하나 도드

라진 것 없고, 어느 성부 하나 존재감 없지 않은 것에 마음을 빼앗겨 바흐에 푹 빠져 지냈던 한 해였다. '분석적이며 조형적이고 논리적'이라는 평가를 받는 이 음악들을 수시로 듣기 시작했고, 아이가 태어나기 직전까지 열 달을 지겨운 줄도 모르고 계속해서 즐겨 들었다.

나는 바흐라는 음악가가 이미 전통을 완성함과 동시에 새로운 음악을 개척한 그의 음악에서 현재 대두되는 융합이라는 새로운 음악을 창조해 낸 선구자가 아니었나 싶다.

이렇게 내 아이는 본인의 의사와는 상관없이 엄마 뱃속에서 그러한 바흐의 시대를 살았던 것이다. 훗날 이것이 기막힌 태교였음을 깨닫게 되었다.

아이는 어려서부터 어지간히 깔끔한 성격에다가 뛰어난 집중력과 논리적인 성향을 드러냈다. 물론 유전적인 영향도 있겠지만 놀라울 정도로 바흐의 음악과 닮아 있다는 느낌을 많이 받았다. 그제야 나는 태교의 중요성을 절감하게 되었다.

태교의 두 번째는 독서였다. 예비 엄마라면 누구나 책을 읽어주는 태교를 실천하려 노력할 것이다.

독창적인 독서법으로 유명한 괴테의 어머니는 동화를 읽어주면서 클라이맥스에서 "아가야, 다음은 네가 완성해보거라"고 했다. 그러면 괴테는 그 이야기를 이어가느라 늘 생각에 잠겼다. 괴테는 어머니의 이 같은 독서법이 자신을 훌륭한 작가로 만드는 데 크게 기여했다고 회고한다. 그리고 그의 높은 지적능력도 독특한 독서법의 영향이라는 연구도 있듯이, 아이에게 책을 읽어줄 때 상상력을 키워주며 대화를 나누는 것이 좋은 방법이겠다.

나 역시 무슨 책으로 아이에게 가장 먼저 교육을 할까 고민하다가 세계 여러 민족 중 지식의 사고가 가장 발달되었다는 유태인의 교육법을 찾던 중에 솔로몬의 지혜가 가득 담긴 잠언을 읽어주는 것이 좋겠다고 생각하게 되었다.

매일 잠들기 전, 아직은 엄마라는 우주 안에서 곤히 자고 있던 아가에게 마음을 다하여 당부하고 싶은 지혜의 잠언을 한 장씩 읽어주는 것이 나의 하루 일과의 마지막이었다. 잠언은 모두 31장으로 이루어져 있다. 나는 잠언을 읽고자 하는 이들에게 이렇게 읽기를 권한다.

날짜에 맞춰 그날의 장을 읽는 것이다. 만약 읽지 못한 날은 다음 달에 같은 날짜가 또 있으니 부담 없이 날짜에 맞춰 읽는다. 이렇게 매달 잠언을 한 번씩 읽다보면 외우지 않아도 지혜의 글이 삶의 기준이 될 것이라는 생각이 들어서이다.

생후 18개월, 학습을 시작할 시기보다 훨씬 앞서서 내 아이는 100자가 넘는 한자를 암기한다는 믿기 힘든 암기력과 이해력, 한글 습득 그리고 정서적 안정감 등 유아기에 이미 놀라운 지적 수준을 보였다. 다시 한 번 태교의 중요성을 실감하지 않을 수 없었다.

우연이라고 할 수도 있겠지만 온 마음을 담아 무언가 노력했던 사람은 그 결과가 우연만은 아니란 것을 이미 안다. 그리고 자식에 대해서만큼 엄마는 느낌으로 알 수 있다.

성장기에 지켜야 할 도덕적 가치관을 특별히 강조하지 않은 것에 비해, 아이가 분명한 규범과 양심으로 잘 성장해 준 것도 나는 태교의 영향이 적잖이 있다고 믿는다.

다시 그 시간으로 돌려 태교를 어떻게 할 것이냐고 누군가 묻는다면, 나는 두 번 생각하지 않고 역시 고전음악과 잠언으로 하겠다고 대답할 것이다.

태교의 중요성을 깨닫게 된 것은, 이렇게 아이가 자라면서 하나 둘 생각지도 못한 타고난 특성들을 보일 때였다. 특별히 환경의 영향이라 볼 수 없고 유전적인 부분이라 예측하기에도 무리가 있는 부분은 태아 때 교육된 것이라 짐작할 수 있다. 물론 그 외의 다른 영향들도 무수히 많겠지만, 이미 의

학적 연구를 통하여 임신 중 엄마의 심리적·정서적 상태가 태아에게 중요한 영향을 끼친다는 사실을 과학적으로 규명하여 많은 관심을 모았지 않은가.

> 임신 초기부터 출산 이후까지 태아의 뇌는 지속적으로 발달한다. 3개월, 서서히 기억력이 생긴다. 엄마의 행동에 의해 어떤 자극을 받게 되면 그것이 뇌에 전달되어 흔적을 남기게 된다. 5개월, 소리를 들을 수 있다. 태아의 뇌는 80% 이상 발달한다. 특히 청각이 발달하여 외부에서 들려오는 높고 낮은 소리를 들을 수 있으나 의미는 이해하지 못한다.
>
> _ 서유헌(서울대 의과대학 교수), 〈인체기행〉

돌아보니, 지나고 난 후에 알게 된 중요한 사실들이 너무나 많다. 그만큼 나는 아이를 키우기 위한 사전 지식이 많이 부족했던 것을 시인한다.

요즘 현명한 예비 엄마들은 숲 태교, 그림 태교, 바느질 태교, 수학 태교, 아빠 태교 등 참으로 다양한 태교들을 하는 것을 보게 된다. 앞으로 다양하고 창의적인 아이들이 더욱 많아질 것을 기대한다.

아이의 겉만 보지 말고 내면을 살펴라

내 아이는 온순하고 평소 말을 잘 듣는 아이였다. 엄마가 일하러 가면서 내준 숙제도 옆에서 누군가가 지도하거나 지켜보지 않음에도 하루도 어김없이 해놓는 약속도 잘 지키는 아이였다.

이런 내 아이의 초등2학년 때의 일이다.

나는 학원을 운영하고 있던 터라, 아이가 귀가하는 모습을 초등 고학년이 되도록 볼 수가 없었다. 다른 엄마들은 아이가 3, 4학년이 되어서까지도 학교 앞에서 수업이 끝나기만을 기다리다가 몇 년 만에 상봉하는 가족인 양, 교문 밖을 나오는 아이를 맞아 차에 태우든지 아니면 가방을 냉큼 받아들고 손 꼭 잡고 함께 귀가하는 모성애를 보인다.

나는 내 아이가 학교에서 좋지 않은 일이 있어 어두운 표정을 하고 귀가하는 날이든지, 선생님으로부터 칭찬이라도 받거나 기대하지도 않은 상장을 받아들고 기쁜 표정을 감추지 못하고 집으로 달려오는 날이든지, 교문을 나오는 표정을 볼 수가 없었다. 일하면서 항상 안타까운 마음이 이런 부분이었다.

그러다보니 일터에서 일하는 동안 나는 아이가 귀가하는 시간이 되면 늘 마음 한 편에 미안함과 불안함이 공존했다.

'다른 엄마들은 내가 일하는 동안, 아이에게 맛있는 간식도 챙겨주고 꼼꼼히 살피며 아이와 좋은 시간을 보낼 텐데…. 매일 함께 데리고 다니며 많은 것도 보여주고 숙제도 함께하며 학습이나 교육에도 신경을 많이 쓸 텐데….'

아쉬운 점이 한두 가지가 아니었다. 아이를 누구보다 아끼시는 시부모님께서 항상 집에서 돌봐주셨지만, 내 아이만 방치된 것 같은 기분은 어찌할 수 없었다.

그래서 나는 아이가 귀가해서 잠시 숨을 고를 시간쯤이면 언제나, 학교는 잘 다녀왔는지, 특별한 일은 없었는지 확인 전화를 했고, 아이의 목소리로 기분을 읽어갈 수밖에 없었다. 매일 미리 책상에 적어 두고 나온 것들을 엄마가 퇴근할 때까지 해놓으라는 지시도 잊지 않았다.

건강이 그리 좋지 않은 아이의 안부도 물을 겸, 시간대별로 해야 할 것들을 체크하기도 했다.

그러던 어느 날, 평소대로 바쁜 시간 쪼개서 전화로 그날의 있었던 일들도 묻고 숙제도 확인하고 해야 할 것들도 일러두었다. 아이는 명랑한 목소리로 알았다고, 퇴근 가까운 시간에는 다했다고까지 말한 그날이었다. 마음으로는 다른 엄마들의 학구열과 나를 비교하면서, 일하는 엄마들은 아이를 방치한다는 뒷얘기들에 신경까지 써가면서 서둘러 퇴근을 했다.

'나는 절대 방치하는 엄마는 안 될 거야. 일하는 엄마가 오히려 아이 교육을 더 잘할 수 있다는 것을 보란 듯이 보여줄 거야.'

피곤한 몸으로 집에 도착한 나는 외투만 벗어놓은 채, 종일 베풀지 못한 사랑을 집중적으로 베풀기라도 하듯, 정성을 다해 아이의 이런 저런 얘기도 들어주었고 늘 그랬듯이 아이의 숙제를 확인하게 되었다.

분명 통화할 때 엄마가 내준 숙제와 학교 숙제까지 다 마쳤다던 아이는 몇 장밖에 안 되는 분량을 건드리지도 않았던 것이다.

순간 거짓된 인격에 대한 첫 대면이 어찌나 당혹스러웠는지. 도저히 용납이 되지 않는 순간이었다.

더 큰 일은 그게 아니었다. 어디를 가도 착하고 얌전하고 모범생이라는 말만 듣는 아이의 책상 서랍에 처음 보는 물건들이 여기저기 들어 있는 것이었다. 이런 일이 그동안 없었기에, 나는 가슴이 철렁 내려앉는 것 같았다.

'어쩌면 좋지? 이런 일은 어떻게 해결해야 하지?'

누구에게 말도 못하고 한참을 고민했다. 야단을 쳐야 하는 건지, 조용히 타일러야 하는 건지도 모르겠고, 그저 아이에 대한 실망감만 가득했다.

속에서 끓어오르는 화를 간신히 가라앉히면서 생각한 끝에, 아이에게 그 물건들을 모두 제자리에 갖다 놓도록 해야겠다고 생각했다. 쇼핑백에 모두 담게 했다. 눈물을 뚝뚝 흘리며 고사리 같은 손으로 서랍 속 물건들을 주섬주섬 담기 시작했다.

"네가 이렇게 하고도 커서 뭐가 될 거라고 생각하니?"

"이렇게 살다가는 도둑놈밖에 안 되겠지!"

"엄마가 지금까지 너한테 이렇게 가르쳤니? 세 살 적 버릇이 여든까지 가는 거 알아, 몰라?"

"……"

나는 각오와는 다르게 일하는 엄마의 부족한 손길을 순간 느끼면서 당황스러움을 감출 수가 없어서 아이가 받아들이기에 너무나 큰 상처가 될 말들을 쉴 새 없이 쏟아냈다. 작은 소리로 아이를 키우겠다는 나의 신조는 어디를 가고, 있는 대로 소리를 지르고 있었고, 이런 엄마의 모습을 처음 본 아이는 겁에 질린 모습으로 눈물만 흘렸다.

나는 학원에서 큰 아이들만 상대하다보니 정작 내 아이도 그 수준으로 착각했는지, 그 순간엔 이것을 그냥 지나치면 아이가 크게 잘못될 것만 같았고, 잘못 자란 떡잎 혹독하게 잘라내야 한다는 생각밖에 안 들었다.

시간이 조금 흐른 뒤, "사람은 누구나 하루에 평균 200번, 또는 10분 동안의 대화에서 대략 2번의 거짓말을 한다"는 어느 심리학자의 말이 생각이 났다.

아이에 대한 서운함은 대단히 컸지만, 그 후 내게는 문제가 없었는지, 좀 더 아이를 사랑의 눈으로 살펴보았다. 내 아이는 갖고 싶은 물건이 있어서가 아니었고 엄마의 부재로 순간순간 채워지지 못하는 것들에 대한 아쉬움의 표현이었으며, 이 또한 성장하며 지나가는 과정이었다. 자존심이 무척 강한 내 아이는 그날의 혹독한 엄마로 인해 어린 나이에 형성되었던 자존심도 무너졌을 것이고, 다시는 엄마에게 약점을 안 잡히겠다는 오기도 생겼을 것이다.

그러면서 거칠고 모난 데가 다듬어지고 온전한 인격체로

독립한 지금은, 엄마의 인색한 기준으로 보아도 사리분별하는 능력과 도덕적 기준이 명확하게 정립된 의젓한 청년으로 성장해 주었다.

  나의 경험에 비추어 보면서, 아이가 심각한 사건을 저질렀을지라도 현상만을 보지 말고 아이의 내면을 세심하게 들여다볼 수 있기를 후배 엄마들에게 바란다. 하루하루 그저 바쁜 생활에만 끌려 다니지 말고 아이의 내면에 무슨 변화가 일어나고 있는지를 세심하게 관찰하며 사랑의 욕구를 채워 주는 부모가 되기를 당부하고 싶다. 아이를 사랑한다는 것은 내가 원하는 대로 아이가 변화되기를 바라는 것이 아니라, 아이를 아이 자체로, 고유한 특성 그대로 인정하면서 아이 스스로가 좋은 방향으로 갈 수 있도록 이끌어주고자 마음을 다하는 것이라 생각한다. 이러한 마음으로 아이와 함께한다면 아이는 분명 멋지고 아름다운 모습으로 자라날 것이라 믿는다.

자녀는 부모를 성장시키는 선물

내 아이는 핏기 하나 없는 하얀 얼굴빛을 하고 외할머니께서 손수 뜨개질해 짜주신 망토를 걸치고 소파에 앉아 있었다. 그때가 생후 10개월이었다.

아이는 아파서 오래 병원에 입원해 있던 몸인데도 방긋방긋 잘도 웃어준다. 보기만 해도 마음이 아파오는 엄마, 아빠에게 위로의 미소를 연신 보내는 듯했다. 나는 아마도 말 못하는 아가의 그 미소 때문에, 힘들었을 하루하루를 가뿐히 잘 이겨냈는지도 모른다.

탄생의 기쁨이 채 가시기도 전에, 불면 날아갈 것처럼 조그마한 아기가 밤새 고열로 울어댔을 때, 초보 엄마 아빠의 심정이 어땠겠는가. 우는 아이를 데리고 어찌할 줄 몰라 하다가 유명 병원 소아과의 명성이 대단하신 과장님을 찾았는데 홍역 진단을 받게 되었다. 전염성이 강해서 독실을 써야 한다고 했다. 아이의 목숨이 걸린 일이니 병원비 걱정을 할 새도 없이 병원 생활을 시작했다.

하루, 이틀, 사흘… 일주일이 지나도록 열은 잡히지 않고 더 이상 주사바늘을 꽂을 혈관을 찾을 수가 없어서 발등에까지 주사바늘이 뚫고 들어가야 했다.

간호사는 자지러지게 우는 아이를 잡고 매번 몇 십 분씩 주사바늘을 꽂고 있었다.

"홍역인데 열이 이렇게 오래도록 잡히지 않는다는 게 이상하지 않아?"

우리는 소아과 전문의로 탁월하다는 의사선생님이 다른 병원에 있다는 소식을 듣고 서둘러 찾아 나섰다.

유명세 때문인지 대기 환자가 너무 많았다. 우리는 차분히 기다릴 상황이 아니라서 아이의 심각한 상태를 호소하여 특진을 잡을 수 있었다.

"아이가 어떻게 이렇게 되도록 두었어요?"

"홍역은 아닌 것 같고, 제 소견으로는 바이러스성 심장질환으로 추정됩니다."

"심장에서 나오는 동맥이 많이 부풀어 올랐어요. 며칠만 더 늦었어도 큰일 날 뻔했습니다."

그 순간 심장이 멎는 것 같았다.

'하, 유명 병원의 이름 높은 소아과장님이 그런 치명적인 오진을 하시다니….'

당장 오진한 병원을 찾아가 어떻게 아이가 이 지경이 되도록 두었는지, 병을 제대로 짚어낼 자신이 없으면 다른 의사에게 보냈어야 했지 않느냐고 따져 묻고 싶었다. 하지만 그럴 시간이 없었다. 한시가 급한 상태였다.

아이의 병을 제대로 밝혀내 주신 의사선생님은 자신의 제자 중에 자녀가 이 같은 병을 앓고 이에 대해 깊이 연구하여 이 질환에 대해서는 누구보다 잘 안다는 전문의를 소개시켜 주셨고, 우리는 아무것도 모르는 상태에서 지푸라기라도 잡는 심정으로 그 선생님을 찾아갔다.

그 선생님은 형광펜과 빨간펜으로 줄이 잔뜩 그어져 있는 두툼한 자료를 우리에게 건네시며 설명했다.

"제 딸이 6세 때에 같은 병에 걸렸어요. 그때에 이 질병에 대한 자료가 없어서 제가 여기저기 원서까지 찾아가며 공부했던 자료들입니다. 참고가 될 거예요. 보면 아시겠지만, 주로 면역력이 약한 어린아이들에게 걸리는 바이러스성 질환인데, 손과 발에 물집이 잡히고 벗겨지며 입안도 헐게 되요. 심장에서 나오는 동맥혈관이 점점 부풀어 오르는데, 시간이 지나면 심각한 상황에 이르게 되지요…."

더 이상 듣고 있기가 힘들었다. 내 아이가 이토록 심각한 상황까지 와서야 가까스로 치료해줄 선생님을 만나게 된 것이다. 선생님은 당신의 딸아이를 치료했으니, 내 아이도 좋아질 거라는 용기를 주셨고, 우리는 그 말씀에 힘을 얻고 입원을 시켰다.

그 후, 아이가 13세가 되기까지 수시로 응급실을 오가며 조마조마한 생활을 이어가야 했고 주기적으로 초음파 검사를 해야 했다.

아이는 초등학교 고학년이 되어서야 거의 걱정할 일 없이 다른 아이들과 똑같은 건강상태가 되었고, 중학교 1학년까지 검사를 받으며 최종 완치라는 판정이 나오고서야 안심하게 되었다.

엄마인 나는 아이가 유치원을 다니는 동안에도, 초등학교를 입학하는 순간에도, 가벼운 헛기침에도, 대수롭지 않은 상처에도, 어느 한 날도 마음을 놓지 못했다. 그리고 어느 한 날도 감사하지 않은 적이 없었다.

이렇게 힘겨운 10년이 넘는 세월 동안 내가 엄마라는 사실을 절실하게 인식하게 되었고, 철부지 막내딸로 자란 나 또한 엄마의 은혜를 생각지 않을 수 없었다.

신기하게도 그렇게 안쓰럽게 아이를 바라보는 동안 어느

새 내 아이는 내적으로 훌쩍 자라 있었다. 힘들어하는 친구의 마음을 헤아릴 줄 아는 아이가 되어 있었고, 자기가 아픈 티를 내면 엄마 아빠가 힘들어할 것이라는 생각에 독감예방 주사를 맞을 때도 아얏 소리 한 번 내지 않고 얼굴이 붉어지도록 힘주어 참는 아이가 되어 있었다.

속상한 엄마의 모습을 보고 싶지 않아 한 번도 떼를 쓰거나 곤란하게 하지 않았다.

더는 아프고 싶지 않아서였을까, 날씨가 덥다고 혹은 날씨가 춥다고 말리는 성화에도 초등학생 때부터 저녁마다 집 앞에 나가 줄넘기를 300번씩, 나중에는 매일 1000번씩을 해내는 열심을 부렸다. 어리지만 자기 관리를 어른 못지않게 잘하는 아이로 성장해 가고 있었다. 운동을 무척 싫어하는 엄마를 자극하기에 충분한 아이의 습관이었다.

무엇에든지 독립심이 강해서 중고등학교 수행평가를 단 한 번도 도와준 기억이 없을 정도로 혼자 힘으로 해나가려는 뚝심을 보였다.

주어진 것에는 열정을 다해 놀라운 집중력을 발휘하지만 절대 무리가 가지 않도록 조절하는 능력도 점점 자라갔고, 지독히 아파본 후에는 심신의 균형을 지키는 절제력도 갖추게 되었다.

나는 일터와 집을 오갈 때마다 긴 터널을 통과한다. 오늘도 그 어두운 터널을 지나면서 이런 힘겨웠던 지난 시간들을 떠올려 보았다.

고독하게 병마와 싸워야 하는 이들이 많이 있다. 그것이 그들에게 재앙은 아닐 것이다. 지금도 외롭게 터널을 지나고 있는 이들이 있을 것이다. 그 순간 어느 누구도 힘이 되어 주지 않는 것 같아 힘들고 괴로울 수는 있어도 그 시간이 결국은 내적으로 성숙해지는 과정이 될 것이고 감사를 배워가는 과정인 것을 나는 연약한 아이를 통해 배웠다. 그리고 시간이 지나면 환한 터널의 끝이 기다리고 있음을 이제는 알고 있다.

내 아이는 완치된 후, 사춘기를 겪는 시기가 왔다. 건강 때문에라도 특별히 마음을 많이 쓰게 되는 아이인데다가 사춘기의 혼란스런 아이가 홀로서려는 아우성에 엄마로서 심적으로 많은 고통이 따랐다. 마음의 고통을 겪는 만큼 나는 자신을 돌아보는 시간을 갖게 되었다.

아이의 키가 자라고 지혜가 자라감에 따라 나도 멈춰 있지 않고 노력하며 보다 지혜롭게 양육하고자 성장하고 있음이 확실했다.

내게 이런 아이가 없었다면 어땠을까, 생각해보았다.

나는 매사에 긍정적인 면보다 부정적인 면이 강한 사람이었다. 그러다보니 평소에 감사보다는 먼저 비판을 제기하고 불평불만을 일삼았다. 그러나 아이의 아픔이 나를 많이 바꾸어놓았다. 응급실을 가지 않는 하루가 감사했고, 알아서 자기 할 일을 잘 해내는 아이에게서 오히려 내가 자기관리를 배웠으며, 매순간 가족을 위해 기도하는 마음을 갖게 되었다. 자랑할 거리가 있어도 인간의 힘으로 어찌할 수 없는 부분을 인정하면서 겸손하게 되었고, 다른 아이와 내 아이를 비교하며 다그치는 일 따위는 내려놓게 되었다.

돌아보니, 내 아이가 부모의 보호를 받으며 자라났다면 나는 아이로 인해 지속적으로 엄마로서 성장할 수 있었다. 아이의 어린 시절이 내겐 참 힘든 시간들이었지만 결국엔 아이로부터 얻은 게 그보다 크다. 나의 부족한 많은 부분들을 채워주고 성장시키기 위해 하늘에서 내게 내린 고귀한 선물이라는 생각이 든다.

부모가 감당해야 할 사명

 아이가 고등학교를 거의 마쳐가는 어느 날, 가방이 너무 낡아서 하나 사야겠다고 한다. 졸업하고 필요에 맞는 것으로 사는 게 어떠냐고 하자 어차피 대학 가서도 계속 써야 하니 규모 있게 쓸 만한 것으로 직접 사겠다고 한다. 학생이 책가방이 필요하다고 하니, 당장 적당한 금액을 건네주었다.
 아이는 인터넷에서 찾아보고는 노트북도 넣을 수 있는 가방 하나를 주문하고는 무척 흐뭇해한다.
 가방은 캔버스 재질로 만들어진, 그리 고급스럽지는 않은 가방이지만 디자인은 깔끔하고 좋다. 그런데 아이가 흐뭇해하는 이유는 디자인만은 아니었다. 이 가방을 사면 아프리카 오지에 사는 아이에게 물을 길을 수 있는, 같은 디자인의 가방이 하나 선물로 전달된다고 한다.
 열악한 환경의 아이가 물을 긷기 위해 디자인된 조금은 덜 세련된 것이지만, 자신의 작은 소비가 지구의 다른 편에 사는 친구에게 작으나마 도움이 된다는 뿌듯함에 가방을 새로 구입해 메고 다니는 아이의 어깨가 어찌나 행복해 보이는지.

그 가격이면 다른 예쁜 가방들도 많을 텐데, 아이는 자신이 구입한 가방에 너무나 만족해하며 지금도 그 가방을 멜 때면 왠지 발걸음도 가벼워 보인다.

'우리는 하늘이 맺어준 서로에게 너무나도 귀한 선물이다.'
나는 아이를 양육하면서 늘 이런 마음이 들었다. 그리고 내게 잠시 맡겨진 아주 귀한 사명이라는 생각도 잊지 않았다.

나의 양육 방식에 따라 아이의 성품이 달라지고 행동 양식의 변화가 오고, 그 아이가 미래 사회에 긍정적이든 부정적이든 커다란 영향을 미칠 거라는 생각을 하면, 어찌 막중한 책임감을 느끼지 않을 수가 있겠는가.

사실 잘못된 가정교육으로 인해 사회를 파괴하는 끔찍한 범죄가 얼마나 많이 양산되고 있는지 가까이에서 또는 뉴스를 통해 보고 있지 않은가. 아이들은 스펀지 같다. 어릴 적 그들에게 보이고 주입되는 것들을 아직 사고할 능력이 부족하기에 걸러내지 못하고 그대로 받아들인다. 그래서 조기교육이 중요하다고들 하는 것 같다. 조기에 아이들에게 학습만을 강조할 것이 아니라, 제대로 된 가치관과 인성을 심어주는 것이 우리 부모가 최우선으로 해야 할 일이 아닐까 생각한다.

우리 가정은 아이에게 어릴 때부터 공부보다는 먼저 인간다움을 바로 잡아주려고 힘썼다. 시험 결과에 눈살 찌푸리기보다 엘리베이터에서 만나는 어른들께 인사하지 않는 것을 바로 잡아주었고, 친구에게 배려하는 마음이 경쟁에서 이겨내는 것보다 큰일이라는 것을 알게 하고 싶었다. 덕분에 아이는 완벽할 순 없지만 대체로 어디를 가도 솔선수범하고 예의가 바르며 남을 배려하는 마음을 갖게 된 것 같다.

항상 자기가 배운 학문을 활용해 세계의 열악한 환경에 있는 사람들을 위해 사용하겠다는 마음을 표현하곤 한다. 부모로서 아이에게 이런 따뜻한 마음이 있다는 것과 지식을 자신만을 위한 것으로 생각지 않고 나눔을 생각하는 자세가 얼마나 대견스러운지 모른다.

사회는 결국 내가 만들어나가는 것이고 인류의 평화도 내 가정에서부터 출발한다. 모두가 이런 생각을 가지고 내가 낳은 자녀부터 올바른 생각과 배려하는 마음 그리고 함께 살아가는 지혜를 가르친다면 우리가 살아갈 지구상에 평화가 가득하리라 생각한다. 이것이 내가 꿈꾸는 미래다.

아이의 능력에 맞는
교육이 참교육

속도와 방향은 제각각 다르다

우연히 어떤 인기 스타 배우의 인간극장을 보게 되었다. 내용은 자주 등장하는 스토리와 별반 다르지 않았다. 15년 동안 무명생활로 한 달에 최소한의 교통비 정도밖에 못 벌면서 가족도 고생시키고 자신도 일을 그만둘까 고민하다가 어느 날 우연한 기회에 TV 드라마에서 실력을 인정받아 최고의 인기 배우로 급부상하게 된 이야기였다.

보나마나 뻔한 줄거리라고 생각할 수도 있겠지만 이게 진정한 우리 삶의 스토리다. 우리의 아이들도 그들을 키워내는 부모 자신도 꽃 피울 시기가 각기 다르다는 것이다. 이를 우리가 모르지는 않다. 하지만 저마다의 시기를 기다릴 인내가 부족한 것 같다는 생각을 한다.

우리 아이들 역시 저마다 다른 속도를 가지고 있다. 언제 피어날지 모르는 이 시기를 기다리면서 지치지 않고 지속적으로 공부를 하기 위해서는 어떤 것들이 필요할까.

첫째, 무엇보다 자신감과 성취감이 중요하다고 할 수 있다. 자신감이 결여되면 공부를 하고자 하는 의욕이 사라지게 된다. 부모의 지나친 기대나 높은 목표는 아이의 의욕을 오히려 사라지게 만들고 만다. 부모는 아이가 공부하고 싶게 해주어야 좋은 부모다. 이룰 수도 없는 목표로 아이로 하여금 미리 좌절하게 만들거나 목표를 이루었어도 칭찬은커녕, 더 높은 목표로 성취감을 떨어뜨리는 일은 하지 말자.

아이들은 작은 성취라도 맛보아야 의욕이 생기고 다시 목표를 향해 노력하게 되는 것이 아닌가. 자녀가 열심히 공부하기를 바란다면 다른 아이와 비교를 하거나 지나치게 높은 목표치를 놓고 기대하는 것이 아닌, 신나고 즐겁게 성취감을 느낄 수 있도록 도와주어야 할 것이다.

둘째, 기초부터 단단히 쌓아 올려야 한다.

모든 부모는 아이가 좋은 성적을 받기를 원한다. 당장의 학업 성적이 미래를 판가름한다는 착각을 시험 때마다 매순간 하게 된다. 그렇다보니, 차근차근 준비하여 나중에 결실을 맺는 장기적인 노력에는 소홀하게 되고 눈앞에 보이는 것들에 집중하게 된다. 그래서 초등학교 심지어 유치원에 다니는 자녀에게까지 단단히 쌓아 올려야 할 기본 역량들보다 쉽게 얻어내는 성적에만 치우친 공부를 시키게 된다.

지난해, 수능시험이 포항 지진으로 인해 전례 없이 연기된 일을 기억할 것이다. 방송에서 연신 다뤄지는 뉴스를 통해 내진 설계는커녕 기초공사도 제대로 되어 있지 않은 건물들이 형편없이 무너지는 광경을 보게 되었다.

한 장 한 장 차곡차곡 쌓아올리는 벽돌은 힘들고 시간이 걸리고 성과가 더디 나타나는 것 같지만, 이런 예기치 않은 문제가 발생했을 때 재건축의 수고까지 하지 않고 약간의 보수만으로도 문제가 없다.

우리 아이들이 어려서부터 하는 공부가, 쉽고 빠르게 지어 외관만 화려한 건축물을 얻으려는 것은 아닐 것이다. 보다 단단하고 내실 있게 잘 설계된 내구성 좋은 완성작을 보려면 성실하고 제대로 된 기본기를 다져나가야 할 것이다.

셋째, 체계적인 목표를 가지고 흥미와 소질 분야에 전략을 세워나가자.

요즘 '번아웃 증후군'에 걸린 아이들이 늘어나고 있다고 한다. 대부분의 아이들이 방과 후에도 숙제다 과외다 뭐다 하며 한시도 쉴 새 없이 과도한 학습과 스트레스에 시달린다. 번아웃 증후군은 그러한 것들로 인해 매사에 의욕을 상실하고 흥미도 떨어지면서 무기력해지는 상태를 말한다.

선행학습은 자신의 교과과정을 배우고 전부를 이해했을 때 상위개념의 공부를 해나가는 것이다. 자신의 능력에 맞지도 않는 것을 입시만을 위해 밀어붙인다면 분명 탈이 나고 말 것이다.

요즘 일부에서는 주요 과목에서만 출중한 실력을 보이면 목표로 하는 학교에 들어갈 수 있다 하여 다른 과목들을 포기하게 하고, 그런 과목들만 무리하게 선행하는 경우도 있다. 이것은 고루 성장해야 할 성장기에 다른 많은 필요 영양소를 다 포기하고 한두 가지만 과잉 섭취하는 것과 다를 바 없는 어처구니없는 일이다.

만약에 목표로 삼은 학교에서 갑자기 제도를 바꾼다든지 일부 과목에 대한 평가를 폐지할 경우 아이가 어떻게 될지를 생각해보라. 눈앞에 보이는 것만을 위해 정말로 중요한 것을 포기하는 오류를 범하지 않기 바란다.

아이가 소질을 보이고 흥미를 보일 때, 계속해서 성장할 수 있도록 도움을 주는 것은 무엇보다 중요하다. 나도 아이가 과학에 흥미를 느끼며 갈급해하는 것을 알았을 때, 지체하지 않고 아이의 흥미를 고취시켜줄 교육기관을 찾아 나섰다. 그것이 계기가 되어 아이의 성취를 이룰 기반을 닦을 수 있었다.

계획은 목표를 먼저 세우고 세운 목표를 이루기 위한 전략을 세워나가는 것이다. 분명한 목표가 있으면 속도가 더디더라도 계속 이뤄가는 힘이 생기게 된다.

실패란 최선을 다했으나 이루지 못한 것이라기보다 아예 목표조차 잡지 않아 이룰 생각도 못한 것이 아닐까 싶다.

자녀의 노력과 발맞춰 부모도 자신의 방향을 정하고 달성을 위한 구체적인 실행을 해나가는 것이야말로 아이에게 본이 된다는 차원에서 바람직할 것이다.

아이들은 모두 저마다 속도가 다르고 목표하는 바도 다르다. 부모의 강요로 아이의 속도와 방향을 일단 정하거나 바

번아웃증후군

의욕적으로 일에 몰두하던 사람이 극도의 신체적·정신적 피로감을 호소하며 무기력해지는 현상을 말한다. 포부 수준이 지나치게 높고 전력을 다하는 성격의 사람에게서 주로 나타난다. 정신적·육체적으로 극도의 피로를 느끼고 이로 인해 무기력증, 자기혐오, 직무 거부 등에 빠지는 증상이다.

번아웃키즈

아무리 노력해도 채울 수 없는 부모의 기대에 지쳐 결국 번아웃 상태에 빠지게 되는 아이들을 말한다.

예방법
- 결과만이 아닌 과정에 관심을 갖는다. 결과가 좋지 않다고 해도 시도했다는 것 자체를 칭찬해주면 아이도 신이 나서 더 의욕적이 될 수 있다.
- 불가능한 것은 포기해도 된다는 것을 알려주고, 아이가 할 수 있는 것과 아닌 것을 구분할 수 있도록 기다려준다.
- 평소 아이가 좋아하고 싫어하는 것들에 대해 공감하고 대화한다.

꾸고 나면 아이도 저절로 적응하여 따를 것이라는 착각은 버리기 바란다. 아이의 차이에 대해 긍정적인 생각을 가지고 하루를 성실하게 만들어가다 보면, 어느새 목표한 것이 눈앞에 와 있음을 보게 될 것이다.

학원이냐 자율이냐, 그것이 문제로다

많은 부모들이 자식에 대해 잘 알고 있다고 생각한다.
나는 상담을 하면서 종종 느끼는 것이 있는데, 부모가 전혀 모르는 아이의 새로운 모습들이 참 많다는 것이다. 부모는 이런 사실에 많이 놀라곤 한다.
아이들은 각자 자기만의 특성이 있다. 아이마다 행동 양식도 다르고 표현 방식에도 많은 차이가 있다. 가치 기준이 다르기 때문에 중요하게 생각하는 것들도 각기 다르다.
성격 유형 검사를 해보면, 아무리 많이 닮은 형제라도 결과가 다르게 나타나고 능력도 직업에 대한 관심도 상당히 차이가 크다.

이렇게 저마다 다른 아이들을 현장에서는 획일적으로 교육하고 있는 것이 현실이다. 결국 그런 교육 방식이 성향에 맞는 아이들만 교육을 받는 셈이고, 나머지는 교육에서 사실상 배제된 데다가 나아가서는 오히려 현재의 교육에 반감을 갖게 됨으로써 부작용의 피해를 입기도 한다.

그렇다면 먼저 내 아이가 어떤 스타일인지 파악해야 하는 게 옳지 않을까.

나는 아이가 건강이 약하다는 이유로 어릴 때부터 조금은 과하다 싶을 정도로 아이의 헛기침 하나, 눈동자의 작은 움직임까지도 신중하게 살피는 것이 버릇처럼 되어 있었다. 그러다 보니 아이의 성향이나 기호를 파악하는 데 조금 수월했고, 그에 따른 효과적인 학습 방법도 (여러 번의 시행착오는 있었지만) 비교적 잘 찾아내어 적용할 수 있었다.

요즘 많은 아이들이 비교과 공부조차도 학원 과외에 크게 의존하는 것과는 딴판으로 내 아이는 국영수와 같은 주요 과목조차도 과외를 받지 않았다.

그럼 아이가 학원이 아닌 가정에서 보다 효과적으로 스스로 학습했던 내용을 소개해보겠다.

우선, 내 아이의 학습 전반에 영향을 미친 독서에 대해 소개한다.

나는 누구보다 독서의 중요성에 공감하지만 무조건 많은 책을 읽을 것을 강요하지는 않았다. 행여 책읽기 자체를 싫어하게 될까 염려스러워, 아무리 좋다는 책도 전집을 사주지는 않았다. 어차피 다 읽을 책이어도 서점에 직접 가서 책의 차례나 편집, 문체 등이 내 아이하고 맞는지, 아이가 즐겁게 읽을 만한 책인지를 고르고 골라 몇 권씩만 사주었다. 함께 서점에 가서 한두 권 골라 사고, 다 읽을 즈음에 또 한두 권… 하는 식으로 사주다 보니 한번 사면 대개 10번쯤은 정독하게 되었다. 이것이 아이가 집중력을 기르고 깊이 사고할 수 있는 좋은 기회가 되었다.

영어 공부는 다들 조기 교육이 중요하다고 강조하는 터여서 나로서는 자기주도 학습으로 이끌기 어려운 과목이었다.

어릴 때는 주로 방송이나 영어 오디오를 활용했는데, 왠지 확신이 들지 않아 고민하다가 이 역시 초등학교 고학년부터 중학교 과정까지 주로 영어 독서를 많이 하도록 했다. 영어도 언어이니 우리말처럼 독서를 많이 하면 학원 다니며 단어, 문법 외우지 않아도 상식과 어휘 그리고 문장력도 풍부해질 것이라는 생각이 들어서였다.

영어 도서관처럼 운영되는 학원을 찾아 주 2~3회 정도 이용했다. 갈 때마다 책을 읽고 요약을 하고 새로운 단어 10개 정도 외우는 것이 전부였다. 하지만 장기적으로 이 방법이 큰 효과를 볼 것이라는 확신을 가지고 있었다. 책을 몇 권이나 읽었는지, 단어는 외웠는지 전혀 개입하지 않고 요즘 읽는 책은 얼마나 재미있는지, 내용은 어떤지 하는 것에만 관심을 보였다.

아이가 영어에 흥미를 잃거나 거부감이 들지 않도록 최대한 신경을 썼다. 다른 친구들처럼 몇 년씩 학원에서 인증시험을 준비한다거나 문법을 마스터하지 않았는데도 고등학교에 들어가서 과목별로 심화 학습을 원서로 공부하는 데 아무런 문제가 없었다. 언어는 시험공부보다 언어로써 접근하는 것이 옳다는 생각이 든다.

또 하나 걱정스런 과목은 수학이었다. 영어도 어려서부터 준비해야 한다고 학원들을 찾아 정보를 나누며 이것저것 공부시키는데 눈도 깜빡 안하고 책만 읽히더니 영특한 아이를 수학까지 공부를 안 시킨다고, 주변에서는 내게 한소리씩 한다. 애를 망치려고 작정을 한다고.

그러나 이런 말에 넘어갈 내가 아니다. 어떤 방법이 내 아이에게 가장 적합한지를 고민하다가, 연산이 많은 걸 싫어하는 아이의 성격에 맞게 좀 창의적인 문제로 이루어진 그저 평범한 문제집을 사서 매일 두 장씩만 푸는 걸로 초등학교 저학년을 보냈다. 하루도 거르지 않았다. 심지어는 여행 갈 때도 챙겨가서 그날 분량만큼 풀도록 했다. 그리고 틀린 문제는 다시 풀고, 또 틀리면 오답 노트하고 풀이를 보고난 후 다시 풀도록 했다.

보편적인 문제집이지만 제대로 개념을 익히고, 풀어본 문제는 확실하게 알고 넘어가는 공부 방법이었다. 집에서 이렇게만 했는데도 매일 두 장씩 쌓이니 어느새 학교 수업보다 집에서 공부하는 진도가 훨씬 빠르게 나가고 있었다. 어렵지 않게 자연히 선행학습을 하게 된 것이다.

스스로 선행학습을 하다보니 난관에 부딪히게 되었다. 학교 선생님께 배우지도 않은 문제를 여쭤보기가 어려웠는지 혼자 끙끙대는 아이를 보며 이제는 도움을 줄 학원을 알아봐야겠다는 생각이 들었다. 그때부터 도움을 받은 수학 학원에서 아이는 그동안 쌓아놓은 스스로 공부하는 능력을 백퍼센트 발휘하기 시작했다. 수학의 바다에 빠져 놀랍게 몰입하는 중학생 시절을 보냈다.

내 아이 초등~중등 공부 방법

독서 삼매경
- 정성적 독서하기. 다독도 좋지만 정독으로 사고력을 확장했다. 얼마나 많은 책을 읽고 기록으로 남겼느냐보다 무엇을 느꼈으며, 책을 읽은 후 어떤 변화를 가져왔는지가 책읽기의 중요한 목적이 되도록 했다.
- 읽은 후 기억에 남는 구절과 느낀 점을 간단히 기록으로 남겼다.
- 나의 변화된 점, 나의 생각과 관점을 기록하다 보면 책을 좀 더 생각하고 깊이 있게 읽게 된다.
- 꿈과 가까워질 수 있는 책을 찾아 나만의 독서 목록 만들기

영어 잘하기
- 꾸준한 영어책 읽기로 영어의 벽 허물기
- 어휘, 문법, 사고력을 원서를 읽으면서 자연스럽게 해결하기

수학 잘하기
- 교과서 개념부터 확실하게 다지기
- 탄탄한 개념 위에 문제에 대한 완벽한 이해와 풀이가 수학을 잘하게 하는 밑거름

기타 과목 잘하기
- 수업 시간에 무조건 집중하기. 적극적인 수업 참여가 좋은 성적을 낸다.
- 마인드맵을 활용한 암기 과목 연상 학습법 개발하기

아이는 주로 모든 과목에서 자기주도 학습을 했지만 꼭 필요한 학원은 시기적절하게 활용하기도 했다. 무조건 학원이 나쁘다거나 좋다는 것보다는 내 아이에 맞는 스타일을 파악하여 스스로 공부하는 힘을 기르도록 해주고 필요하다면 외부의 도움을 받는 것이 바람직하다.

아마도 대부분의 부모는 자녀에 대해 세심한 관심을 기울일 것이다. 그런데 여기서 간과해서는 안 될 것이 각기 다른 성향과 환경을 고려해서 내 자녀의 유형에 맞는 교육을 하는 것이 무엇보다 중요하다는 것이다.

부모는 아이의 거울

아이들은 두세 살 무렵부터 부모의 행동과 말을 보고 듣고 배운다고 한다.

부모의 모든 행동은 말보다 아이들에게 직접적인 영향을 미친다. 내가 절제하지 못하는 모습을 보이면 아이도 절제하지 못하게 되고, 내가 게을러 오늘 할 일을 항상 미루다가 그르치면 아이도 게을러 자신의 일들을 제대로 못하게 될 것이다. 그러니까 부모가 행동하지 않으면 아이도 행동하지 않는다.

부모가 아이의 모든 학업을 책임질 수는 없다. 당연히 학교 선생님의 역할과 본인의 노력이 더해져야 할 것이다. 하지만 부모로서 아이의 학습 분위기를 만들어주는 일, 책임감을 심어주는 일, 바른 가치관을 갖도록 하는 일, 학습을 위한 기초 역량을 쌓게 하는 일 등은 가정에서 얼마든지 할 수 있다. 그리고 가정에서 이런 교육은 꼭 필요하다.

나는 자신만을 위한 삶보다 사회에 필요한 사람으로 살아야 한다는 부모님 말씀을 들으며 자랐다. 그래서인지 결혼 전부터 사회에서 내가 해야 할 역할이 무엇인가를 늘 생각하며 일을 하게 되었다.

결혼 후, 아이를 출산하는 시기 4개월을 제외하고는 아이가 중학생이 될 때까지 한 번도 일을 쉬어본 적이 없다. 아이가 초등학교 고학년이 되었을 때에 시부모님과 함께 살다가 분가하게 되었다.

이사를 하게 되면서 운영하던 학원을 정리했고, 잠시 일을 쉬는 동안에도 나는 배워야 할 것들에 열중했다. 나는 아이에 대한 집중 케어와 동시에 얼마간의 준비기간을 마친 후, 내게 있는 재능을 나눌 수 있는 학교 수업을 맡아 다시 일하게 되었다. 내 사업을 할 때와는 달리 시간의 여유도 생기고 아이도 돌아볼 수 있어 부담 없이 일을 지속할 수 있었다.

그런데 어느 날, 나는 일하는 엄마가 아이를 방치한다고 쉽게 말하는 것을 우연히 듣게 되었다. 일하는 엄마로서 참으로 억울하기 짝이 없었다. 쉼 없이 이어진 나의 일에도 내 머릿속의 1순위는 아이의 교육이었기 때문이다. 나는 한 번도 아이를 방치한다고 생각해본 적이 없었다.

이런 말을 하는 엄마들은, 이를테면 내 아이의 경우 학원에도 안 가고 집에서 공부를 하다보니 시간이 상대적으로 많아 친구를 만나 잠시라도 놀고 있는 모습을 보면 쟤는 어느 학원 다니는데 지금 시간에 놀고 있느냐고, 아이 엄마는 뭐 하느냐고 얘기들을 하는 것이다. 그러면 "일하느라고 아이를 못 챙기고 방치하는 엄마"가 된다는 것이다.

이럴 때 일하는 엄마들은 누구보다 내 아이를 잘 알고 아이의 능력을 최대한 끌어내기 위한 체계적인 교육을 고심하면서 키워왔더라도 순식간에 아이를 방치하는 엄마가 되어 있고, 누구에게 하소연할 데도 없이 일을 그만두어야 하나,

심각하게 고민하게 된다.

나는 일을 하느라 시간을 아이와 많이 보내지 못하더라도 소신을 가지고 집중력 있는 교육을 꾸준히 해나간다면 오랜 시간 아이를 돌보며 혹시라도 좋지 못한 모습을 아이에게 많이 보이는 엄마들보다 오히려 휩쓸림 없이 바른 방향으로 아이들을 키울 수 있다고 생각한다.

나는 아이가 어릴 때부터 교과 공부보다는 도덕성이나 책임감, 바른 가치관, 학습을 위한 습관 등 기본적인 소양을 갖도록 하는 데 온갖 노력을 기울였다.

그러기 위해서 나부터 모범을 보여야 했고 생활이 정돈되어야 했다. 일을 마치고 돌아와 눈꺼풀이 내려와도 아이가 숙제를 하는 동안은 옆에서 함께 독서를 하며 공부하는 모습을 보였다.

아이 앞에서는 신경 써가며 말을 가려서 해야 했고, 모두가 하는 일이라도 옳지 않은 것이라면 아이에게 바른 가치관을 심어주기 위한 기회로 삼았다. 이러다 보니, 아이는 어느새 생활습관이 비교적 잘 잡혀서 어디를 가도 모범적이라는 말을 듣게 되었다.

나는 아이를 키우며 항상 해오던 말이 있다. 아이가 내 스승이라고.

그랬다. 아이를 키우는 것이 내겐 커다란 계획 아래, 지속적인 노력과 공부가 필요한 무척이나 어려운 과제였고, 그 과제를 수행해 나가면서 아이와 함께 나도 계속해서 성장해 가는 시간이었다.

아이들은 어른들의 발자취를 따라 걷는다. 그리고 원하든 원하지 않든, 부모의 뒷모습을 닮아가게 되어 있다.

지금 생각해보면, 좀 더 좋은 모습으로 말보다 행동으로 더 많은 것들을 보여주었다면 어땠을까 하는 후회도 적잖이 남는다.

아이가 중학교 때, 나는 답답한 곳에서 공부하는 것이 좋아 보이지 않아서 책상과 책장을 거실로 옮겨주었다. 늦은 밤, 아이가 숙제를 할 때면 나는 늘 대각선 쪽에 보이는 주방 식탁에 앉아 책을 읽거나 다음날 일을 준비했다. 지금은 훌쩍 커버린 아이가 그때 일을 이렇게 말한다.

"중학교 2학년 때, 시간가는 줄 모르고 날이 밝도록 수학 문제를 풀다가 잠시 고개를 들어보니 엄마가 책을 들고 꾸벅꾸벅 졸고 계셨다. 그때, 매일 할 일이 있다면서 피곤해도 식탁에 앉아서 뭔가 열심히 하고 계셨던 게 나 때문이라는 걸

알았다. 그때는 부담스럽기도 하고 왜 저렇게까지 하시는지 이해가 안 가서 피곤하면 들어가서 주무시라고 종종 얘기했던 기억이 난다. 지금 생각해보면, 엄마가 일부러 내가 공부할 때 곁에 있어주려고, 그리고 엄마도 공부하는 모습을 은연중에 보여주려고 한 게 아닌가 생각했다."

형제가 없어서 심심할 때도 가끔 있었는데, 같은 공간에 늦게까지 함께하면서 이것저것 먹을 것도 챙겨준 게 도움이 되었다고 말한다.

모든 가정에는 소중하게 생각하는 가치가 있을 것이다. 그것들을 계승하기 위해서 부모가 먼저 작은 것부터 행동하고 몸소 실천해보자.

부모가 자식에게 물려줄 수 있는 가장 값진 유산은 습관이라고 한다. 나 역시도 힘겨워하는 숙제이고 쉽지 않은 일이지만 가장 빠르고 확실한 교육 효과를 보게 될 것이라고 믿어 의심치 않는다.

자녀를 두고 있는 모든 부모가 나와 같은 마음일 것이라 생각하며 끊임없이 함께 노력해 나가자고 힘을 실어본다.

일본의 한 교육단체 조사에 따르면, 부모가 아침인사를 하지 않는 자녀는 30%만 아침인사를 한다. 반면에, 부모가 아침인사를 하는 자녀는 70%가 아침인사를 한다.

한 조사기관에서 100명의 성인들에게 물었다.

"어린 시절 내 인생에 크게 영향을 미친 사람들은 누구인가?"

대부분의 사람들이 어린 시절을 같이 보내준 부모님과 가까운 친지들이고, 특히 그들은 좋은 모범을 보여준 사람들이라고 대답했다. 그들의 마음에 참으로 감동을 주고 인격 형성에 바람직한 영향을 주는 것은 어른들이 좋은 모범을 보여주는 것이다. 부모의 모범이 가장 좋은 교육이라고 확신한다.

_ 윌리엄 라스퍼리, 워싱턴포스트 칼럼니스트

자녀에게 줄
최고의 선물

스스로 학습할 수 있는 역량 길러주기

요즘 아이들의 방과 후 일과를 보면 다들 밤늦게까지 수업을 받느라 잠은 언제 잘까 싶도록 측은한 생각이 든다. 늦은 밤, 학원가에서는 어린 초등학생들까지도 지친 어깨를 늘어뜨리고 엄마 차에 태워지거나 터벅터벅 다리를 끌며 귀가하는 모습을 쉽게 볼 수 있다. 보는 이들을 안타깝게 하는 광경이지만 이처럼 입시를 학원 과외 공부에 크게 의존하는 현실에서 '내 아이만 뒤처지면 어쩌나' 하는 생각에 쉽게 뿌리치지 못한다.

하지만 사교육을 통해 학습하는 방식은 현실적으로 대개 문제를 푸는 데 초점을 맞춰 그런 능력을 키우는 주입식 공부를 주로 하게 된다.

이러한 사실을 잘 알면서도 부모들은 직접 가르칠 수 없다는 이유 때문에 학원 과외를 시킨다. 아이의 생각을 고려하지 않은 채, 일방적으로 사교육에 맡겨질 때 결과적으로 어떤 영향이 미칠까. 가장 큰 부작용은 아이가 공부에 흥미를 잃게 되는 것이다.

주입식 공부는 학습한 것을 응용하고 창의적으로 발전시키는 데 한계가 있다. 더욱이 문제풀이만을 하는 공부에서 깊이를 찾기란 어렵다.

어릴 적 나는 오빠가 집에서 컴퓨터를 분해하고 조립하는 모습을 가끔 보았다. 여러 번 실패도 했겠지만 관련 책을 찾아가며 전화로 묻기도 하면서 스스로 해결해 나가는 모습이 무척 흥미로웠다. 그 후로 주위의 여러 사람들이 컴퓨터에 문제만 생기면 오빠에게 물어보는 것을 보았다. 스스로 연구하고 경험하여 자기 것으로 만든 지식이 오래 남는다는 것을 그때 알았다. 그렇기에 스스로 공부하는 힘을 길러야 한다.

초등학교 고학년이 되면 아이들은 문제를 스스로 해결하

려는 경향을 보인다. 이때가 자기 능력이 활발하게 자라나는 시기이다. 자립심도 키우고 독립심을 발휘하고 싶은 시기여서 무엇이든 도움 없이 스스로 해보고 싶어 한다.

이때, 혼자의 힘으로 자신의 관심 분야에 온전히 집중하고 깊이 생각하고 문제를 해결하도록 옆에서 도와주어야 한다.

서서히 독립적인 자아를 준비하는 사춘기 때는 아이들이 반드시 갖춰야 할 자질을 키워야만 하는 시기인데 사교육에 휘둘려 시간을 다 보내고 만다면 혼자의 힘으로는 깨우치려고도 하지 않을 뿐만 아니라, 기본적인 사고 능력이나 문제해결 능력이 부족한 채로 살아가는 어른이 될 것이다.

많은 부모들은 아이에게 자생력과 자립심을 키워주기에는 주입식 교육이 적절치 않다는 것을 실감한다. 하지만 주위에서 다른 부모들이 아이를 좋은 학원에 보낸다는 이야기를 들으면 막연한 불안감이 생기고 혹시나 내가 아이 교육에 소홀한 것은 아닌지, 빠뜨리고 있는 것은 없는지 걱정이 앞서기 마련일 것이다.

솔직히 나 역시 그런 부모 중 한 사람이었다. 특히 일을 병행하며 아이를 양육하다보니, 아이 교육에만 전념하는 부모보다 부족한 것이 많으리라 우려하고, 최신 정보에 밝지 못해 상대적으로 처질 것이라는 비교를 하게 되는 것도 사실이었다.

그러나 그때마다 스스로 해낼 수 있는 능력을 키워주는 것이 우선이라는 생각을 접지 않았다. 학년이 올라가서 심화단계에 이르는 때에는 필요에 따라 사교육을 활용하는 것이 나쁘다고 생각지는 않는다. 그렇지만 초등학교 때부터 시작되는 맹목적이고 의존적인 사교육은 오히려 아이의 발전을 가로막는 것이 분명하다.

부모가 가르치는 것은 본질적으로 사교육과는 다르다. 학습만을 지도하는 것 자체에만 의미를 두지는 않는다.

자녀가 성인이 되어서도 스스로 사회에서 영향력 있는 사람으로 살아가기를 바라는 마음에 보다 근본적인 교육에 힘쓸 것이다. 이것이 사교육이 주는 교육과 다른 깊이 있는 참교육이라 생각한다.

우리 인간은 죽을 때까지 학습하고 삶에 적용하며 살아가게 된다. 이때 스스로 학습할 수 있는 능력을 갖춘 사람은 보다 윤택한 삶이 펼쳐질 것이다. 하지만 한 번도 스스로 학습을 주도해보지 않은 사람이라면 평생학습이라는 개념에서 어려움에 많이 부딪히게 될 것이다.

많은 부모들이 아이를 직접 가르칠 능력이 정말 없어서 어린 시기부터 사교육으로 내몰지는 않을 것이라 생각한다. 단지 아이를 스스로 학습하도록 하는 과정에서 빚어지는 갈등이나 어려움을 극복하고자 하는 의지가 부족해서가 아닐까 하는 생각이 든다.

물론 이것이 쉬운 일은 아니다. 나도 무던한 끈기와 오랜 기다림이 필요했고 수많은 갈등과 실망으로 눈물지을 때도 많았다. 하지만 그럴 때마다 나도 이렇게 내 아이를 기다리며 교육하는 것이 힘 드는데 어느 누가 진심으로 내 아이의 미래를 생각해서 바람직한 교육으로 끌어주겠는가를 생각했다.

아이와 부딪치는 일도 많을 것이고, 수없이 감정적으로 아이와 갈등관계에 놓일 수 있다. 하지만 그러는 과정에서 아이도 성장하고 부모도 문제해결의 원인을 알고 극복해 나가는 지혜도 생긴다.

부모 자신만의 확고한 교육관으로 자녀 교육에 자신감을 갖는 것이 무엇보다 중요한 것 같다. 부모의 세심한 관찰을 통해 아이의 자질을 발견하고 조화롭게 발달하도록 교육해야 할 것이다.

스스로 생각하고 판단할 수 있는 아이들의 자생력을 꺾지 말자. 스스로 공부해 나갈 능력을 갖췄을 때만이 글로벌 경쟁 판에 당당히 등판하여 무대를 빛내는 인재로 활약할 수 있다고 믿는다.

영재학교 입학에 도움을 준 우리 아들 공부 비법

1. 효율적인 공부를 위한 집중력을 훈련한다.
2. 학업 역량의 기본인 독서와 글쓰기에 힘쓴다.
3. 어린 시절에 가능한 많이 암기하도록 한다.
4. 성과가 나타나는 단기적인 목표를 이룬다.
5. 영어와 수학 그리고 좋아하는 과목은 평소에 공부한다.
6. 전략적인 시험공부로 점수를 관리한다.
7. 수업 시간에는 모든 에너지를 쏟아 집중한다.
8. 지속적으로 스스로에게 동기를 부여한다.
9. 충분한 수면으로 컨디션을 관리한다.
10. 자신만의 스트레스 해소 방법을 갖는다.

독서 습관 물려주기

독서는 우리가 학교를 다니는 시기, 그러니까 가장 적절한 시기에 적어도 초중고 12년 동안이나 배우고 익혔다고 할 수 있다. 그렇다면 다들 감상하고 분석하고 적용하는 능력을 어느 정도는 갖추어야 하는데, 현실은 그렇지 못하니 이상하다.

아이들은 스스로 좋은 책을 골라본 적이 없어 보인다. 스스로 책에 몰두하여 의미를 생각해보고 스스로에게 질문해보고 책에서 답을 찾아보는 과정을 직접 경험해본 적도 거의 없어 보인다. 모든 것이 수동적이다. 요약정리가 잘 되어 있는 책들에 둘러싸인 것도 문제지만, 너무 쉽게 책을 읽고 덮어버리는 것도 문제다.

좋은 책 한 권이 세상에 나오기까지 작가는 방대한 자료를 정리하여 읽고 분석한 것을 토대로 자신의 사상과 경험과 열정을 담아 다듬고 또 다듬는다. 그것을 우리는 십분의 일이라도 집중하여 감상하고 있는지를 생각해본다면, 그저 쓱 한번 훑어보는 것으로 끝내는 것은 잘못된 독서 습관이 아닐까.

제대로 읽는 습관이야말로 제대로 생각할 줄 아는 사람으로 살아갈 힘이 될 것이다. 사실 모든 상황에 대한 대처를 부모가 다 교육한다는 것은 불가능하다. 그러나 책 속에는 수많은 상황들이 놓여 있고 그 문제들을 해결해 나가는 데 필요한 길을 보여준다. 독서를 통해 수많은 간접 경험을 쌓게 되는 것이다.

아이들이 주도적으로 좋은 책을 선정하고 자아를 발견해 나가면 좋겠다. 책을 통해 참 즐거움과 미래를 펼쳐나갈 많은 생각과 표현을 배우게 되기를 희망한다. 이러한 기회를 부모가 마련해주기를 바란다.

독서는 모든 공부와 사고의 기초가 된다는 것을, 나는 아이의 독서를 지도하며 확신하게 되었다. 독서 습관이 제대로 잡혀 있지 않은 아이는 학년이 올라갈수록 여러 과목에서 학업 성취도가 낮아져 애를 먹게 된다. 듣고 외우는 공부에만 치중해서는 스스로 문제를 읽고 해석하고 분석해서 적절한 답을 찾기란 어렵지 않겠는가. 이를 알고도 많은 부모들이 당장 눈앞의 성적만을 위해 기초공사를 게을리한다. 집을 지을 때도 천천히 기초부터 튼튼히 다지고 차근차근 쌓아 올려야 백년 가는 집을 지을 수 있지 않겠는가.

뜨개질을 해본 사람은 알 것이다. 급한 마음에 서둘다 보면 한참을 고생해서 짰는데 군데군데 구멍이 나서 못쓰게 되니 다 풀어서 다시 짜야 하는 일이 생긴다.

멀리 가려면 천천히 가라는 말이 있다. 인생은 마라톤이다. 결국 천천히 가는 것이 가장 빨리 가는 길이라는 사실을 명심해야 한다.

부모가 아이를 가정에서 교육할 수 있는 20년이 아이의 나머지 60~80년의 인생을 좌우하는 가장 중요한 시기이다. 그러니 성급하게 굴어 그 교육을 한번 망치면 만회할 길이 없다.

책은 읽을 때마다 느낌이 다르다. 나는 많은 양을 읽기보다 한 권의 책이라도 제대로 읽기를 바란다.

정독을 하면 집중력이 자란다. 나는 한 줄에서 일주일을 머문 적도 있다. 거침없이 훑어 내려가는 것도 좋지만 하나하나 음미하는 맛도 충분히 좋다. 사람도 서서히 알아가다 보면 단점까지도 포용할 수 있는 여유를 가질 수 있는데, 성급히 장점만 보고 가까워진 사람에게서는 훗날 뜻하지 않은 치명적인 문제가 발생하거나 맘고생이 많아지는 경우도 생기지 않는가.

한 문장 한 문장 곱씹으며 읽는 습관이 결국, 타인의 경험까지도 자기 것으로 삼을 수 있는 하나의 방법일 것이다.

독서가 좋은 또 다른 점은 사회를 제대로 파악하고 타인의 논리도 비판할 줄 아는 판단력과 논리력이 생긴다는 것이다. 아이들은 독서를 하면서 생각이 자라고 발전적인 사고를 갖게 된다. 아이들에게 생각이 짧다고 나무랄 것이 아니라 성장할 기회를 주지 않은 어른들이 반성해야 한다고 생각한다.

이제는 그저 많은 지식을 습득하여 머리에 쌓는 것 자체가 경쟁력이 되지 못한다. 거기서 한 발 더 나아가 재창조할 수 있는 능력을 갖춰야 경쟁력이 있다고 할 것이다. 제대로 읽어야 창의력과 사고력이 길러진다. 기다림과 다양한 경험을 허용하여 아이들에게 읽을 수 있는 기회와 환경을 마련해주자.

독서는 습관이다. 어릴 적부터 습관이 들지 않으면 성인이 되어도 책을 1년에 1권도 읽지 않는 부끄러운 통계에 잡히게 된다. 부모가 책 읽는 모습을 보여주지 않는데 아이들이 어찌 책 읽는 습관이 생기겠는가.

해외 어느 휴양지에 여행을 갔던 기억이 난다. 언제 또 와서 놀아보나 싶게 시간을 쪼개서 노느라 정신이 없는 우리 일행과 달리, 해변에 누워 책을 읽고 있는 외국인들을 종종 보게 되었다. 그들의 여유가 부러워서 한참을 바라보았다.

> **독서로 키우게 되는 능력**
> - 자기 주도적인 사람이 된다.
> - 사고력이 확장된다.
> - 비판적인 시각이 생긴다.
> - 창의적인 생각을 하게 된다.

 물론 휴가를 길게 잡고 여행하는 그들과 우리는 사정이 다르기는 하겠지만 그 귀한 시간을 독서로 보낸다는 게 내게는 적잖은 충격이었다.

 그때부터 나 역시 길을 나설 때면 어떤 책이라도 꼭 한 권 챙기는 습관이 생겨났다. 독서가 이렇듯 일상에 녹아 있으려면 어릴 때부터 스스로 독서에 재미를 느끼고 늘 가까이 할 때 가능할 것이다.

 아이가 벌써 많이 자라서 독서할 여유가 없는 나이가 되었더라도 아직 살아가야 할 시간이 많다는 생각이 든다면, 이제라도 독서의 기초를 바로 세워주기 바란다. 대학생이 된 내 아이는 벌써부터 여러 면에서 독서의 큰 혜택을 보고 있다는 점에서 독서의 중요성은 아무리 강조해도 지나치지 않다.

부모가 읽으면 좋은 책

아이의 공부지능 _ 민성원 / 다산지식하우스
엄마, 힘들땐 울어도 괜찮아 _ 김상복 / 21세기북스
인성이 경쟁력이다 _ 민승기 / 나비의 활주로
부모 인문학 수업 _ 김종원 / 청림출판
세계 명문가의 자녀교육 _ 최효찬 / 예담
부모학교 _ 김자겸 / 서영
아직도 가야 할 길 _ M. 스캇 펙 / 율리시즈
5가지 사랑의 언어 _ 게리 채프먼 / 생명의말씀사
유태인 가족대화 _ 슈물리 보테악 / 렌덤하우스코리아
아이의 사생활 _ EBS 아이의 사생활 제작팀 / 지식플러스
내 아이를 위한 감정코칭 _ 존 카트맨, 최성애, 조벽 / 한국경제신문

아이가 읽으면 좋은 책

10대들을 위한 정의란 무엇인가? _ 마이클 샌델 / 아이세움
세상을 살린 10명의 용기있는 과학자들 _ 레슬리 덴디, 멜 보링 / 다른
세상을 리드하는 1%가 되라 _ 동원육영재단 / 대일출판사
행복한 수학 초등학교 시리즈 _ 강미선 / 휴먼어린이
수학 귀신 _ H.M. 엔젠스베르거 / 비룡소
모모 _ 미하엘 엔데 / 비룡소
가난하다고 꿈조차 가난할 수는 없다 1,2 _ 김현근 / 사회평론
천재를 뛰어넘은 77인의 연습벌레들 _ 박성철 / 다산어린이
왜 세계의 많은 아이들은 굶주릴까요? _ 일본국제기아대책기구 / 파란자전거

왜 세계의 절반은 굶주리는가? _ 장 지글러 / 갈라파고스

천로역정 _ 존 번연 / 포이에마

나의 라임 오렌지 나무 _ J.M. 바스콘셀로스 / 동녘

공부는 내 인생에 대한 예의다 _ 이형진 / 쌤앤파커스

리딩으로 리드하라 _ 이지성 / 문학동네

우리들의 일그러진 영웅 _ 이문열 / 문학사상사

몽실 언니 _ 권정생 / 창비

정재승의 과학 콘서트 _ 정재승 / 어크로스

아이작 아시모프의 과학 에세이 _ 아이작 아시모프 / 아름다운날

거꾸로 읽는 세계사 _ 유시민 / 푸른나무

긍정의 힘 _ 조엘 오스틴 / 글로세움

신곡 _ 단테 / 민음사

군주론 _ 마키아벨리 / 주니어 김영사

바람직한 부모 모습이 최고의 선물

　나는 주변에 결혼생활의 모델이 없었다. 형제들 중 가장 먼저 결혼을 했고, 친한 친구들마저 거의 비슷한 시기에 결혼을 해서 근거리에 미리 학습할 수 있는 부모의 모습이 없었다. 내게 가장 가까운 결혼 선배의 모습은 부모님뿐이었다. 그러나 부모님은 세대가 달라서 나는 부모님과는 다른 결혼생활을 늘 꿈꾸었고, 결국 제대로 학습되지 않은 상태에서 덜컥 결혼생활을 시작하게 되었다.
　남편 역시 형제가 없는 외동인지라 나와 별반 다르지 않았다.
　부모의 울타리에서 지내던 철부지 남녀가 만나 결혼생활을 시작한 지 1년 만에 우리는 울타리가 되어 주어야 할 부모가 되어버렸다. 부모 되는 법을 배운 적도 없이 결혼해서 아기를 낳고 자기만 알던 여인에서 엄마의 삶으로 살아간다는 것은 어떤 일보다 어렵게만 느껴졌다.
　아이가 성장해가는 과정에서 난관에 부딪혀 막막할 때가 한두 번이 아니었고, 이제 되었구나 싶다가도 가슴 아픈 상황에 놓이는 일도 허다했다. 돌아보니 이제야 비로소 깨달아지는 것들도 많고, 숱한 상처와 실수로 부끄럽기도 하고 돌리고 싶은 지난 시간들이기도 하다.

마음의 준비조차 없이 결혼생활을 하고 부모가 된다는 것이 이제 와 보니 얼마나 무책임한 행동인가 하는 생각마저 든다.

아이는 태어나면서부터 부모가 세상의 전부다. 아니, 뱃속에서부터 아이는 엄마라는 우주 안에서 살다가 나온다. 그러니 인간으로 성장해가는 직접적인 본보기가 부모라고 할 수 있다.

대개 아빠보다는 엄마가 아이와 절대적으로 많은 시간을 함께하고 사랑을 쏟게 마련이다. 그래서 엄마라는 존재는 더욱 아이가 바라보는 전부일 것이다. 엄마의 행동은 아이에게 고스란히 영향이 미치고 가르치지 않아도 엄마의 모습을 갈수록 닮아간다.

나는 과거에 외출 후 돌아오면 가장 먼저 겉옷을 의자에 걸쳐놓는 습관이 있었다. 그런데 어느 날 아이를 보니 학교 갔다 돌아오면 항상 겉옷을 벗어 의자에 걸쳐놓는 것이 아닌가. 아무리 옷걸이에 걸어놓으라고 잔소리를 해도 좀처럼 고쳐지지 않는 것이다.

'애가 누굴 닮아 이렇게 말을 안 들을까?'

그런데 이윽고 아이가 엄마인 나를 보고 배운 버릇이라는 걸 깨닫고는 얼굴이 화끈하니 뜨끔했다. 나조차 미처 알지 못했던 나의 버릇을 아이를 통해 비로소 알게 된 것이다. 아이가 나의 거울이었다.

아이가 초등 3학년일 즈음, 나는 집에서 클래식 음악을 주로 들었다. 아이에게 일부러 들려주려고 했던 의도는 없었는데 어느 화창한 오후, 아이가 조곤조곤 이런 얘길 하는 것이다.

"엄마, 애들은 가요가 뭐가 좋다고 가요만 듣는지 모르겠어요. 클래식 음악이 얼마나 좋은데…. 가요는 깊이도 없고 얼마 안 가면 없어지는 거잖아요."

'아, 이런… 내가 아이 앞에서 편견에 찬 얘기들을 나도 모르게 했나보다.'

순간 나는 당황했다. 나의 편협한 생각으로 아이에게 편견을 심어주는 것은 잘못이라는 생각이 들었다.

나는 곧바로 사람마다 좋아하는 장르가 다르다는 얘기를 해주었고, 가요도 좋은 곡들이 많다는 것을 알려주었다. 그리고 이후로는 클래식이 아닌 다른 장르의 음악들을 의도적으로 자주 들려주었다.

그때서야 아이는 엄마가 가요를 좋아한다는 말에 의외의 표정을 지으며 생각이 좀 달라지는 느낌을 받았다.

무심코 드러내는 엄마의 편협한 생각이나 말이 여과 없이 아이에게 전해져 편견을 부른다는 것을 실감한, 아찔한 순간이었다.

아이는 항상 부모의 모습을 지켜본다. 이 얼마나 두려운 일인가. 아이는 부모가 작정하고 가르치는 훈계보다는 무의식중에 행하는 부모의 언행을 배우고 따라한다. 무심코 드러내는 부모의 언행이 아이에게는 습관이 되고 가르침이 된다면 부모는 아주 사소한 행동이나 말 한마디도 함부로 해서는 안 될 것이다.

부모가 열심히 공부하는 모습을 보이면 아이는 어떨까. 이런 모습을 보고 자란 아이는 자연스럽게 학습에 대한 열의를 갖게 될 가능성이 클 것이다.

날마다 열심히 운동을 하는 부모라면 아이도 운동에 관심을 보일 것이다. 엄마가 게으르면 아이도 게으를 확률이 높고, 엄마가 독서를 많이 하면 아이 역시 책을 가까이 하게 될 가능성이 높다고 할 수 있다.

그렇다면 부모 마음에 안 드는 아이의 행동은 아이만의 문제는 아니라는 생각에 고개가 끄덕여질 것이다. 야단치는 것만이 능사가 아니다. 귀찮고 부담스럽더라도 부모가 먼저 행동을 돌아봐야 하고 일부러라도 아이 앞에서 솔선수범하는 모습을 보여야 하는 이유가 여기에 있다.

또한, 부부는 아이 양육에 대한 공동 책임이 있다. 그러므로 자녀교육에 대한 원칙을 같이 세우고 같은 목표를 가지고 교육에 임해야 한다. 그렇지 않으면 아이의 긴 성장 과정에서 어떤 문제가 발생할 때, 해결해 나가기 어려운 상황을 맞을 수 있다.

아이는 부모가 원하는 대로만 자라주지 않는다. 자아가 형성되고 스스로의 생각이 커지면서 부모와는 다른 생각을 하기도 하고 원하지 않는 행동을 서슴없이 하기도 한다. 이때, 가정에서 교육에 대한 원칙이 없다면 때마다 부부는 의견충돌이 생길 수 있고 아이와도 갈등이 빚어질 수도 있다.

학교를 탓하고 사회를 탓하기 전에 가정환경을 만들어주는 것이 무엇보다 중요하며, 부모의 모습을 돌아보는 것도 그에 못지않게 중요하다.

부모가 모범을 보여주는 것만으로도 충분히 좋은 교육이

될 수 있다. 아이는 그런 솔선수범의 성장환경에서 자연스럽게 학습하고 본인의 의지로 무엇인가를 할 수 있는 기회를 만들어가게 될 때 자부심과 의욕이 생겨날 것이다.

부모가 좋은 성품을 보여주지 못하면 아이가 좋은 품성을 배울 곳이 없다. 지식은 다른 곳에서도 배울 수 있지만 품성까지 학습할 곳을 찾을 수는 없는 노릇이다.

가정에서 부모를 통해 배우는 인격과 품성과 삶의 태도는 살아있는 교육이다. 이것은 부부가 함께 공동의 목표를 가지고 힘을 모아야 가능할 것이고, 한쪽만 노력해서 이룰 수 없는 교육이다. 아이는 부모의 모습을 그대로 따라 배우므로 아이의 품성이나 습관은 부모 하기 나름이라고 해도 과언이 아니다.

이처럼 자녀보다 부모의 역할이 더 크기 때문에, 나처럼 미리 준비하지 못한 후배 부모들에게는 같은 후회를 하지 않도록 먼저 부모가 배울 것을 거듭 당부한다.

> 국민의 운명은 권력을 잡은 자의 손에 달려 있는 것이 아니라 엄마의 손에 달려 있으므로, 우리는 인류 교육자인 엄마를 계발하는 데 노력해야 한다. _ 프리드리히 프뢰벨(유아교육의 선구자)

초중고 선행학습의 관점과 방법
그리고 쓸데없는 것의 쓸모 있음

학원에서 만들어지고
과외로 다듬어진 아이가 아니다

내 아이는 부모가 특별히 창의적이거나 누구나 부러워할 만한 지식인도 아니다. 그렇다고 아이가 태어나면서부터 남다른 천재성을 보인 적도 없다.

어릴 때부터 주위의 친구들이 거의 다 했다는 이른바 창의학습이라는 것도, 과외나 학원도 겪지 않았다. 영재학원이라곤 근처에도 가보지 않은 아이가 그 가기 어렵다는 영재고등학교를 거쳐 자기가 원하는 대학에 들어가 전도양양한 청년으로 성장할 수 있었던 비결은 무엇일까.

내 아이는 스스로 취미나 관심 그리고 많은 시행착오를 거치며 다소 울퉁불퉁 거칠게 채워진 아이이기도 하다. 그 과정에서 현재의 시간, 곧 공교육에 집중할 수 있었다는 점을 강조하고 싶다.

현재 중학교 수업시간을 들여다보면 집중 못하는 학생들, 잠자는 학생들이 태반이다. 반면, 교사와 눈을 맞추며 수업시간마다 무섭게 몰입하는 학생들도 있다.

학원을 다니지 않은 아이로서는 학교 수업이 무척 소중했다. 수업 시간에 모든 문제를 해결해야 했고, 그러다보니 수업 시간의 메모는 나중에 알아보기 쉽게 일목요연하게 필기해야만 했을 것이다.

중학생 때 시험을 몇 차례 치르면서 아이는 스스로 자신만의 메모 요령을 터득했고, 이를 최대한 활용할 줄 알게 되었다.

아이의 수준에 맞지 않는 과도한 선행학습이나 내용을 제대로 이해하지 못하는 '한번 들어본 것 같은데…'라거나 '이 내용 아는 것 같은데…' 수준에 그치는 어설픈 선행학습은 오히려 학습 의욕을 떨어뜨리고 학교 수업 집중에 방해가 된다고 생각한다.

현재 이 시간을 집중할 수 있어야만 미래도 응용할 수 있다. 단, 꼭 필요한 부분이나 사전에 많은 연습을 하고도 부족한 부분이나 별도의 준비를 요하는 과목은 학교 밖 교육을 통해 집중적인 선행학습도 필요하다고 생각한다.

내 아이는 중학교 때, 2년 정도 학교 밖 선행학습을 경험한 적이 있다.

이때 선행학습을 하면서 백퍼센트 이해하지 못한 부분은 수업 시간에 적극적인 질문으로 이어졌고, 수업에 열중하여 이해하려고 애쓰는 노력들은 참 보기 좋았다.

결국 아이의 생활기록부에는 모든 과목마다 집중하는 자세나 참여도에서 높은 평가가 기록되었고, 창의적인 발표나 결과물에서도 탁월함이 드러나는 것을 볼 수 있었다.

이제는 아무리 똑똑한 부모라도 지혜롭고 세심하게 그리고 지속적으로 자녀를 챙기지 않는다면, 쉴 새 없이 이어지는 사교육 현장에서 오히려 자녀의 발전 가능한 재능마저도 사장시킬 수 있는 현실임을 부정할 수 없을 것이다.

초등학교 때 공부 습관이 평생을 좌우한다

주로 암기 위주의 교육을 했던 시기였다. 집중력이 짧고 많은 분야에 호기심이 많은 시기여서, 여러 분야를 보다 재미있게 활동하며 기억력 게임이나 반복적인 교육을 통해 자연스럽게 암기가 될 수 있도록 했다.

한글이나 한자는 그림을 통해, 영어는 노래로, 거의 모든 영역에서 외우기를 즐기도록 했고, 심지어 어린이집은 가정통신문을 통째로 암기시켜 전달하는 곳을 일부러 선택했을 정도였다.

암기력은 훈련할수록 자란다. 그에 따라 집중력도 강해진다. 이렇게 길러진 암기력은 초등학교에 들어가서 수업 시간을 최대한 활용할 수 있게 될 뿐 아니라, 수업 내용을 거의 외워 집에 돌아와 읊을 정도가 되었다. 수년간의 암기 훈련 결과라고 할 수 있다.

초등학교 과정의 핵심은 독서와 진로 탐색이었다. 초등학교 전반에 걸쳐서 좋아하는 분야에 대한 독서는 물론이거니와 역사나 위인전을 많이 접하도록 했다. 이 시기에는 순수하여서 이야기를 접하다보면 그대로 감정이입이 되고 공감하게 되며 꿈으로 이어지는 경향을 보이므로 위인전과 역사 관련 독서를 통해 보다 큰 포부와 인류를 위한 꿈을 갖도록 하는 노력이 필요하다고 생각한다.

독서를 할 때는 수준별로 분류된 책들을 읽고 내용을 요약하고 모르는 단어를 찾아보는 것, 이것을 일주일에 3번 이상은 꾸준히 했다. 이런 독서 생활은 시험 기간에 상관없이 꾸준하게 중학교를 졸업할 때까지 지속되었다.

특히 영어를 전문 학습서가 아닌 독서를 통해 익힌 것은 '신의 한 수'였다. 아이가 고등학교에 들어가 전공을 정하고 심화 과목들을 원서로 공부하면서도 별 어려움이 없었다며, 영어 독서 습관에 흐뭇해하는 것을 보며 드는 확신이었다.

고등학교에 와서 어려운 교과를 접하고 영어로 논문을 쓰고, '글로벌 프런티어'라는 세계 각국의 영재학생들이 모여 연구하고 토론하며 발표하는 미국 방문 프로그램을 자연스럽게 즐길 수 있었다는 것, 그리고 카이스트에서 시작된 영어 면접도 따로 준비할 필요가 없었다는 것도 독서의 놀라운 효과를 확인시켜주었다.

이처럼 초등학교 기간은 책과 함께 보냈고, 중학교 기간에는 자신의 진로와 연관된 과목인 수학의 바다에 빠져 지냈다.

아이가 초등학교 4학년 때, 학교 수업에 비해서 집에서 문제집을 푸는 속도가 조금씩 빠르다보니, 개념을 이해하기 위한 도움이 필요해졌다. 그래서 이때부터 인강을 듣게 되었는데, 인터넷 강의의 장점은 (1:1 강의다 보니) 학원을 다니는 아이들보다 짧은 시간 학습하고도 진도도 빠르고 이동시간이 없어 시간적 여유도 많아 무척 효과적이다. 모르는 것은 학교 선생님께 도움을 받거나 강의 중 질문을 올려놓으면 답을 제공받을 수 있다.

이렇게 매일 스스로 학습하는 습관을 갖게 되었고, 시간을 계획적으로 관리하는 능력이 점차 길러졌다. 기숙사 생활을 한 고등학교 시절에도 그런 패턴이 무너지지 않고 자기관리를 잘할 수 있었던 것도 이 덕분이었다.

중학교, 스스로를 탐색하고 적성을 파악해라

초등학교와는 달리 전문 교과목이 세분화되는 중학교에서는 아이들이 공부를 하기에 버겁다고 느낄 수 있다. 시간은 부족하고 공부할 양은 많아져서 자칫 자신에게 맞는 공부 방법을 찾느라 3년을 다 보내게 될 수도 있다.

먼저 아이가 효율적으로 공부할 수 있는 방법이나 장소, 시간대 등을 파악하는 것이 필요하다. 그리고 모든 시험에 소홀하지 않는 것도 중요하지만, 그와 더불어 자기가 좋아하는 분야나 앞으로 공부해 보고 싶은 분야에 관련된 대회나 기사, 상식에 대해 꾸준히 관심을 기울이는 것이 무엇보다 중요하다.

내 아이는 인강으로 시작된 본격적인 수학 공부에 흥미를 느끼고 체계를 잡아가던 중에 더 이상 이것으로 해결되지 않는 질문들이 생겨나게 되었다. 처음으로 사교육의 문을 두드리게 된 이유였다. 학교 진도와도 맞지 않은 난해한 질문들을 해결하기 위해 전문 교사를 찾아야만 했다.

그런데 과학고에 가고 싶다는 아이의 말에, 수학 학원 관계자들은 이구동성으로 선행학습이 크게 부족해서 과학고는 꿈도 못 꿀 형편이라는 답변만 늘어놓았다. 아이의 꿈을 펼칠 기회도 주지 않고 꺾어버리는 학원들이 한편으론 괘씸하기도 했다.

아이에게 희망을 보이는 곳을 끝까지 찾아다니다가 결국 찾은 곳은, 생긴 지 얼마 안 된 학원에서 소수의 아이를 저마다의 상태에 맞게 관리해줄 수 있는 곳이었다. 내 아이에게는 단지 선행학습이 목적이 아닌 문제해결을 위한 전문교사가 필요했다.

나는 사교육이 무조건 필요없다고 생각지는 않는다. 내 아이에게 절실하게 필요한 사교육은 긍정적인 효과를 가져 올 수 있다. 우선 기초가 가정과 학교에서 충실히 다져지고, 그 이상의 교육이 꼭 필요한 단계에 와서 진로를 향한 보충이 필요할 때 도움을 받는 것이라면 긍정적인 효과를 볼 것이다.

초등학교 기간 동안 가정에서 스스로 학습을 관리하며 수학 개념을 잘 잡아두어서인지, 1년이 지나자 수학에 보다 심취할 수 있게 되었다. 가끔은 밤을 새워가며 수학 문제를 푸는 재미에 빠져 있는 아이를 볼 수 있었다. 아이의 습득 능력을 알아봐 주고 커리큘럼에 집착하지 않고 이끌어준 지도 선생님을 만난 것도 아이에게는 다행이었다.

짧은 기간 동안, 고등학교 과정까지의 수학을 빠짐없이 공부하며 최고의 효과를 누렸던 아이는 중학교 3학년 봄에야 영재고등학교 입시에 돌입했지만 결국 입학이 결정되었다.

중학교 기간에 고등학교를 대비하고 대학을 염두에 두고 진로를 향한 준비를 해나가기에는 시간이 턱없이 부족하다. 특히 특목고를 준비하는 학생에게는 입시 기간을 생각한다면 중학교 3년은 무척 짧다고 할 수 있다.

그래서 모든 준비는 초등학교 때에 이미 시작되지 않으면 안 된다고 생각한다. 이것은 학원가에서 말하는 선행학습의 개념과는 다른 이야기다. 우선 스스로를 탐색하고 적성을 파악해야 한다는 것이다.

다양한 책을 읽고 사소한 경험이라도 다양하게 시도해보는 것이 중요하다. 그리고 자신이 좋아하는 것에 집중하는 시간들이 모여야 탐색과 파악이 가능하다고 본다. 탐색하는 노력 속에서 아이만의 스타일을 발견하고 열매를 맺게 된다.

중학교에 가서는 자신의 적성에 맞는 진로에 대해 생각해 보는 시간을 갖도록 조언하고 싶다. 그리고 자신이 관심을 갖고 있는 분야의 학습에 다양한 방법으로 보다 충실하게 준비해 나가야 한다. 그 후, 확실한 진로 선정과 다양한 활동을 통한 진로 체험들을 하면서 학습에도 열의를 보여야 한다.

고등학교, 주도적으로 학습하고 주체적으로 결정할 시기

고등학교 기간에는 자신의 진로에 따른 전공을 정하고 대입을 위해 학업에 매진해야 할 시기다.

현재 우리나라의 대입 전형은 무척 복잡하기 때문에 수많은 학교의 전형을 다 파악하고 이를 대비한다는 것은 쉬운 일이 아니다. 그러나 대학은 복잡한 전형 가운데에서도 미래에 빛날 만한 창의적인 학생들을 원한다. 이런 학생들을 선발하기 위해 대학들은 입학전형을 계속해서 바꾸고 있다.

고등학교 3년 동안 공부만 열심히 한다고 대학에서 원하고 사회에서 원하는 사람이 될 수 있을까. 이제는 대학에서 획일화된 시험 점수로 나타난 절대적 수치로 학생을 선발하기보다는 전공을 위해서 얼마나 준비가 되어 있는지, 자신의 대학에서 수학하기에 적합한지, 학교를 빛낼 만한 미래 인재인지, 사회와 국가 그리고 더 나아가 인류를 위해 이바지할 인재인지 등을 꼼꼼히 평가한다.

이러한 것들을 어떻게 한순간에 준비할 수 있겠는가.

청소년기의 특권은 얼마든지 꿈을 꾸고 꿈도 수없이 바뀔 수 있다. 하지만 고등학교 때에는 어느 정도 자기 자신이 무엇을 가장 좋아하는지, 앞으로 어떤 일을 하며 살아갈 것인지에 대한 고민과 계획이 서 있어야 할 것 같다. 그리고 전공을 정하거나 계열 정도는 확실히 해두고 학업에 임하는 것이 좋다.

그래야만 원하는 학교에 진학할 가능성이 높아질 것이고, 원하는 미래에 다가가는 시기가 좀 더 단축되지 않을까 생각한다.

내 아이는 고등학교에 가서 너무나도 똑똑한 아이들과 경쟁하면서도 연신 행복해하는 모습을 보였다. 전공과목들의 난도가 여간 높은 게 아닌 데다가 각종 대회, 탐사, 연구, 해외탐방 그리고 논문까지… 스트레스도 심했을 텐데 함께하는 친구들이 있었기에 잘 이겨낸 것 같다.

또한, 어릴 때부터 스스로의 공부 습관과 미래를 향한 확고한 목표가 있었기에 3년의 긴 학업 스트레스를 미래를 위한 밑거름으로 생각하고 꿋꿋하게 이겨낼 수 있었을 것이다.

많은 부모들은 "우리 아이는 꿈이 없다"고 하소연하곤 한다. 내 아이 역시 어려서부터 꿈이 확실하지 않았다. 그저 막연하게 자기가 관심을 가진 것에 흥미를 보였을 뿐이었다. 그것에 함께 관심을 보여주고 꾸준히 지켜보았다.

아이의 꿈은 중학교에 들어가서 좀 더 구체화되었고, 그에 관련된 자료나 도움이 될 만한 지식을 보완해 주고 관심의 끈을 놓지 않았을 때에 아이의 꿈은 더욱 크고 확고하게 자리를 잡게 된 것 같다.

고등학교 2학년 때에 아이의 진로가 바뀌는 위기를 맞았다. 너무 많은 활동들을 1학년부터 전공에 맞게 해나가는 학교라 치명적일 수 있었고, 부모가 생각하기에 반대하고 싶은 마음이 간절했다. 하지만 아이와 깊이 대화 끝에 아이를 믿고 결정을 존중해주기로 했다.

틀에 박힌 교육을 덜 받은 아이일수록 창의성은 뛰어나다고 말한다. 그것은 무엇을 의미할까. 고정관념 없이 모든 것을 바라보고 어설픈 지식으로 인해 생각이 제한되지 않는다는 것이다. 이로부터 창의적인 결과가 나타나는 것이다.

아이들의 창의력을 키울 수 있는 것은 아이들이 고정관념 없이 스스로 생각할 수 있는 시간과 상상의 자유를 주는 것이라고 생각한다. 아이를 기르는 내내 스스로 할 수 있는 영역을 넓혀주기 위해 노력했던 것 같다.

그렇다고 그저 가만히 두거나 모든 것을 다 허용했다는 것은 아니다. '스스로'라는 말이 붙을 때는 무조건 책임이 따른다. 그 책임이 어리다고 가벼운 것은 아니다. 유아기 때부터 성인이 될 때까지 창의력 교육은 한 호흡과도 같이 지속되어야 한다고 생각한다.

우리 둘 사이가 고작
스마트폰으로 벌어지는 건 곤란해

　자녀의 문제를 발견했을 때에는 먼저 문제의 발생 원인부터 생각해보는 것이 중요하다.

　시험 결과 실수로 틀린 문제가 생겼다거나 학교생활에 문제가 생겼다든지 사소한 장난부터 학습적인 면, 인간관계에서 부모가 볼 때 문제라고 생각하는 것이 발견되었다면, 이를 놓고 화를 내거나 즉시 가르치려 하기보다는 아이의 마음을 먼저 헤아리고 문제의 근원이 어디에 있는지, 혹시 엄마나 아빠의 문제는 아닌지, 아니면 아이의 마음상태가 불안한 건지, 친구들과의 관계에 원인이 있는 건지… 다각도로 신중하게 살펴볼 필요가 있다.

　의외로 단순한 실수에 문제의 원인이 있을 수도 있고, 아이의 신체나 심경에 어떤 변화가 일어나는 과도기적 현상에 따른 것일 수도 있다. 사소하더라도 그냥 화를 내거나 야단을 치는 즉흥적 해결 방법이 아닌, 좀 더 신중하게 대화하는 습관을 갖는 것이 필요하다.

그렇다고 아이에게 핑계나 변명거리를 늘어놓게 하는 대화는 곤란하다. 아이의 문제나 마음상태를 진심으로 들여다보는 진정어린 대화가 필요하다.

나는 여러 학부모나 학생들을 상담해 오면서 문제가 없는 경우를 거의 보지 못했다. 아무리 공부를 잘하는 학생이라고 해도, 생활이나 인성 면에서 누가 보더라도 모범적인 아이임에도 나름대로 걱정거리나 문제를 하나쯤은 가지고 있다는 것을 알게 되었다.

집집마다 걱정거리는 존재하고 누구나 살아가는 것이 녹록치 않다는 것은, 우리가 지금 잘 나간다고 해서 자만해서도, 남루한 현실을 살아간다고 해서 좌절할 필요도 없다는 것을 말해준다.

나는 아이가 초등학교 4학년이 되었을 무렵에 처음으로 아이에게 스마트폰을 사주었다.

일하는 엄마와의 원활한 소통을 위해 미루어오던 폰을 할 수 없이 사주었는데, 그것이 이후 끊임없이 아이와의 신경전을 벌이게 된 원인이 되었다. 후회가 막심했다.

'좀 참을 걸, 나 편하자고 아이에게 필요악을 제공했구나.'

이런 생각이 하루에도 몇 번씩 들었다.

하루는 아이가 방안에서 꼼짝을 않고 공부만 하는 것이다. 너무나 기특해서 방문 틈으로 슬쩍 지켜보았는데, 책상에 바른 자세로 앉아 열심히 공부하고 있는 아들이 어찌나 대견스러운지… 엄마로서 정말 뿌듯했다.

'역시 내 아들, 착하고 공부도 열심히 하고… 키운 보람이 있네. 간식이나 준비해볼까~.'

나도 모르게 흥얼거리면서 과일과 비스킷을 예쁜 그릇에 가지런히 올려 방문을 슬그머니 열고 방해되지 않게 책상으로 향했다. 얼마나 집중을 하던지 엄마가 옆에 오는 것도 모르던 아이가 화들짝 놀라며 펼쳐진 책 밑으로 뭔가를 집어넣는 것이다. 나는 순간 배신감이 밀려들기 시작했다. 그 오랜 시간 공부한 줄로만 알고 있었는데, 시간 가는 줄도 모르고 집중하고 있던 것은 스마트폰이었다.

그 짧은 순간에 내 머릿속은 마구 돌아가기 시작했다. 있는 대로 화를 버럭 내고 싶은 마음이 굴뚝같았지만 빠른 속도로 생각을 짜내야 했다. 다시는 이런 눈속임을 못하게 혼쭐을 내줄 것인가, 아니면 차근차근 알아듣게 말로 타이를 것인가, 그것도 아니면 차라리 아이의 행동에 호응하여 관심을 보여주는 것이 나을까, 쉽게 갈피가 서지 않았다.

아이에게 실망한 기색을 고스란히 드러내며 내 기분 그대로 아이와 당분간 거리를 두는 게 좋을지, 도무지 뭐가 가장 좋은 방법인지를 모르겠지만 그 순간, 아이의 교육은 지속되어야 하니 엄마와의 관계가 어그러지면 안 된다는 생각이 먼저 들었다. 그래서 최대한 담담하게 말했다.

"그게 뭐야? 오랫동안 앉아서 공부하려니 좀 힘들고 따분하지? 그래서 좀 쉬고 있었구나? 공부도 앉아서 하는데 쉴 때도 앉아서 쉬면 힘드니까, 거실로 나와서 좀 움직이는 게 좋을 거 같다. 안 그래도 너 좀 쉬라고 간식 가져왔으니까 나와서 먹자."

이렇게 말하고 아이를 이동시켰다. 겉으론 한없이 부드럽고 넓은 아량의 엄마였으나 속에서는 얼마나 화가 치밀어 오르던지, 그때의 기분은 아이의 폰을 빼앗아 그대로 쓰레기통에 던져버리고 싶었다. 아직도 그 기억이 그대로 남아 있다.

나는 애서 태연을 가장하며 대화를 이어갔다.

"요즘 네 또래들은 뭐에 관심이 많아? 엄마도 궁금하다. 아까 보니까 게임 하는 것 같던데 무슨 게임이야?"

엄마가 자기가 한 행동을 나무라지 않고 오히려 관심을 보이는 걸 보고는, 아이는 그제야 게임이 아니고 자기가 요즘

윤하라는 가수에 빠져 있다는 것과 그 가수의 옛 소속사 스토리며, 자기가 좋아하게 된 이유들을 너무나 자세히도 자연스럽게 얘기해주는 게 아닌가.

나는 함께 호응해주었고, 그 후로 "윤하라는 가수가 역시 노래를 참 잘하는구나"라고 추임새까지 섞어가며 가끔 같이 노래도 듣곤 했다.

나는 사실 평소 그리 긍정적이지도 못하고 마음에 안 드는 것을 보면 순간 화부터 나서 잘 참지도 못하는 성격이다. 하지만 아이 문제에 대해서는 그럴 수만은 없었다. 아이의 생활습관이나 학습이나 인성까지도 부모로서 책임이 있었기에 이런 문제들에 부딪혔을 때나 사춘기 때는 늘 고민과 많은 생각으로 힘든 시간들을 보냈다.

그 후로도 아슬아슬한 위기의 폰 사건들이 계속되었다. 좀처럼 아이는 행동에 솔직하지 않았고 나는 감시자가 되어가고 있었다.

나는 갈수록 아이에게 퉁명스런 엄마가 되어가고 있었고 아이는 무엇인가 자꾸만 속이는 횟수가 늘어가기만 했다. 대놓고 야단을 칠 용기가 없었다. 그러다가 영영 아이와 사이만 안 좋아질까봐 두려웠다.

나는 나름 대책을 세워야 했다.

공부방이 좀 답답하다는 핑계로 책상을 거실로 꺼냈다. 아이의 공부 분위기를 오픈하도록 배치하는 방법이 최상이었다. 나는 아이 책상으로부터 대각선 끝부분 주방 식탁에 앉아 아이가 공부하는 시간에 독서를 하면서 함께 공부하는 분위기를 만들었다. 아이의 공부환경을 꼼꼼히 살펴야 했다. 공부할 시간엔 함께 공부하고, 쉴 시간은 확실하게 하고 싶은 것들을 즐길 수 있도록 허락했다.

이렇게 환경을 바꾸고 마음을 공유하는 부단한 노력 끝에 결국, 공부할 때에 정신을 집중하도록 유도하는 데 성공하게 되었다.

아이에게 화를 내고 야단치며 아이의 휴대폰을 빼앗는 것이 당장에는 효과가 있을지도 모른다. 내가 너무 돌아가는 길을 선택했다고 생각하는 사람도 있을 것이다.

하지만 만약 내가 그랬다면, 아이는 엄마에 대한 원망과 함께 자신을 이해하지 못하는 엄마와의 대화를 영영 하고 싶지 않았을지도 모른다.

날마다 벌어졌던 휴대폰으로 인한 심리전, 나는 아이의 최대 관심사가 무엇인지 알게 된 계기가 되었고, 아이가 좋아하는 음악도 공유하고 아이와 대화의 폭도 늘어나게 된 계기가 되었다. 그리고 결과적으로 아이의 학습에 방해가 되는 원인을 찾았고 잘 해결하게 되었다.

문제의 해결은 세심한 관찰과 진정한 해결을 위한 고민에서부터 시작된다. 아이와의 문제가 생겼을 때, 아이의 마음을 먼저 헤아리고 이해가 가지 않는 행동일지라도 손 내밀고 대화를 이어가다보면 생각지도 않은 좋은 관계로 발전할 수도 있고 문제도 자연스럽게 해결될 것이다.

나는 요즘도 가끔 아이와 서로의 음악 취향을 얘기하며 소통할 때면, 휴대폰으로 마음 고생했던 그때를 떠올리며 감사하곤 한다.

CHAPTER 3

자녀 교육, 실패는 돌이킬 수 없는 후회만 남긴다

성적이 곧
능력은 아니다

공부만 할 줄 아는 아이로 키우지 마라

"난 애가 나중에 밴드 활동 한다고 할까봐, 기타 배우고 싶다는데 안 가르치고 있어. 밴드 활동 하면 공연한다고 공부는 안 하고 만날 기타만 칠 텐데… 어휴~ 그걸 어떻게 봐. 자기도 기타 너무 많이 치지 못하게 해. 혹시라도 거기에 빠지면 어떻게 하려고…."

모두가 무서워 벌벌 떤다는 중2 새 학기가 시작되고 얼마 지나지 않아, 아이 친구 엄마가 느닷없이 내게 조언을 한다.

한참 기타의 매력에 빠져들어 시간만 나면 기타 연습에 열중인 내 아들을 보고 걱정스레 하는 말이었다. 솔직히 매일같이 떨어지는 성적은 뒷전이고 시간 날 때마다 기타를 붙들고 있는 아이가 못마땅하던 참이었는데 걱정이 슬슬 더해지기 시작했다.

마침 아이가 공부도 웬만큼 잘하고 학원도 차별화된 곳들의 정보를 발 빠르게 공유하던 뭔가 자식교육에 남달라 보이는 친구 엄마의 말을 듣고 있다보니, 나도 모르게 아이가 걱정스럽기 시작했다.

정말 얘가 나중에 공부는 안 하고 학교 공연 밴드부에 들어가서 잔뜩 바람만 들어 기타 둘러매고 돌아다닐 것만 같아 점점 불안해졌다. 아이를 향한 나의 잔소리는 그때부터가 시작이었던 것 같다.

아이가 공부하는 모습이 전혀 보이질 않았다. 거실에 나와 기타를 드는 모습만 항상 내 눈에 띄었다. 아이는 공부할 때는 안 보고 쉴 때만 잔소리 한다고 엄마를 감시자쯤으로 여기기 시작하는 눈치다.

나는 아이와 벌써부터 거리가 생기면 정작 입시에 돌입해야 하는 시기에 힘들어질 것 같았다. 참아야 한다는 생각을 하면서도 걱정에 바싹바싹 애가 탔다.

'얘는 쉬는 시간, 노는 시간, 머리 식히는 시간이 왜 이리도 많은지… 대체 공부는 언제 하는지… 이렇게 해서 대학이나 가겠는지….'

아이만 보면 감정이 북받쳐 치미는 걸 도저히 참을 수가 없었다.

아이는 할 것 다하고 쉴 때만 하는 거라면서 다른 아이들은 게임을 하루에도 몇 시간씩 하는데 자기는 그런 거 할 시간에 기타 치는 거 아니냐고, 이제는 제법 눈까지 치켜뜨고 대드는 것이었다.

아이가 엄마의 온갖 잔소리에도 아랑곳하지 않은 채 방문을 닫고 한밤중까지 연습하는 걸 보면서, 절망감마저 들었다. 중2병은 다른 집 얘긴 줄만 알았다.

그동안 내가 쏟은 정성들은 어느 구석에도 열매라곤 찾을 수도 없고, 아이만 보면 너무나 억울하고 우울해지기까지 했다.

'어릴 때부터 바이올린을 가르치는 게 아니었어. 내 잘못이 커. 기타는 왜 사줘가지고 이 맘고생을 하나.'

음악을 공부한 내가 아이의 조기 음악교육을 후회하고 있다니, 너무나 서글픈 현실이었다.

아이는 끝까지 고집을 굽히지 않았다. 자기 할 일은 제대로 하겠으니 기타 치는 것만큼은 허락해달라는 것이다. 아이를 두고 몇 날 며칠을 고민했다. 한번 물러섰다가 영영 돌이킬 수 없는 상황이 되면 어쩌나 하는 염려에 쉽게 허락하지도 못하고, 그렇다고 마냥 말릴 수만도 없는 형국이었다.

아직 가야 할 길은 멀고, 아이와 등을 지게 되면 결국 내 어떤 말도 영향력을 잃게 될 것 같아서 우선은 믿어주기로 했다. 내심 시험 결과 나오면 두고보자는 계산에 따른 작전상 후퇴인 셈이었다.

엄마의 암묵적인 연습 동의를 받아낸 아들은 그때부터 보란 듯이 제대로 펼쳐놓고 연습하기 시작했다.

이젠 미안한 기색도 없이 기타와 한 몸이 되어 침대에 누워서 배 위에 얹어놓고는 현란한 손놀림으로 연습에 연습을 거듭하고, 귀에는 늘 이어폰이 꽂혀 있어 말 걸기도 힘들 정도였다.

'공부를 저렇게 했으면 벌써 천재소리 들었겠네.'

시험 결과 나올 때까지 믿어주기로 했으니 뭐라 말은 못하고 연신 한숨 섞인 혼잣말만 되뇌었다. 정말 어디 하소연할 데도 없이 냉가슴만 앓아야 했다. 그렇게 6개월이 지났을까. 내게는 6년 같은 인고의 세월이었다.

아이의 못마땅한 모습에 섭섭함과 우울함으로 속이 상할 대로 상해 아이를 제대로 쳐다보고 싶지도 않았던, 내게는 너무나 긴긴 시간이었다.

그날도 기타를 안고 침대에 그대로 잠들어 있던 날, 상한 속을 쓸어내리며 기타를 치우려고 엎어진 아이의 손을 내리려던 순간이었다.

손끝마다 지문은 보이질 않고 굳은살로 가득한 게, 도대체 몇 번이 벗겨지고 아물기를 반복한 건지. 그리고 왼쪽 손등이 오른손보다 뼈 간격이 널찍하게 벌어져 있는 아이의 손을 보게 되었다.

그동안 들여다보지 못했던 아이의 모습을 처음으로 보게 된 것이다. 아이는 자기가 좋아하는 것을 하느라 손이 저렇게 되도록 참고 있었던 것이다.

아이로 인해 내가 상처 입고 얘가 나를 왜 이리도 힘들게 하는지만 생각했는데, 그 순간 가슴이 먹먹해졌다.

'나는 언제 이렇게 한 곳에 미칠 만큼 집중해보았나. 손이 저렇게 될 정도면 고통도 만만치는 않았을 텐데, 내 눈엔 아직은 어리기만 한 이 아이에게 무엇이 이런 열정을 계속해서 놓지 않게 한 걸까?'

모차르트 효과와 다중지능이론

어렸을 적에 모차르트 음악을 들으면 뇌의 활동이 촉진되어 지능이 향상된다는 것이 '모차르트 효과'다. 이에 대한 찬반이 엇갈릴 수 있지만 음악적 재능이 뛰어난 사람들이 수학을 잘하는 경우가 많은 것을 보면, 음악과 수학의 상관성에 대해 한번쯤 생각해보는 것도 좋을 듯싶다.

'다중지능이론'은 가드너Gardner가 제안한 것으로, 인간의 지적 능력을 언어, 논리, 수리, 공간, 신체, 운동, 음악, 대인관계, 개인 이해 등 다원적 측면에서 접근하며, 개개인이 선호하거나 잘하는 지적 능력에 따른 교수 학습 활동을 제공함으로써 학습의 효과를 높일 수 있다는 것을 강조한 이론이다. 이는 개개인이 갖는 독특한 지능을 발휘할 수 있도록 다양하고 풍부한 방법을 추구하면서 각 지능들 사이의 관계를 통한 지능 향상 방법을 추구한다.

공부와 취미가 적절히 조화될 수 있다면

상대성이론으로 유명한 아인슈타인과 독일의 이론물리학자 하이젠베르크는 수학과 물리학에 천재성을 보였지만, 음악에도 남다른 재능을 갖춘 것으로도 유명하다. 아인슈타인은 바이올린 연주회를 열 정도로 음악에 탁월한 재능을 보였고, 하이젠베르크는 뛰어난 피아노 연주자였다. 부모 입장에서는 한창 공부할 때 취미 활동을 하면 그만큼 시간을 뺏기는 것이라고 생각할 수도 있겠으나, 즐거운 학교생활을 하게 되어 오히려 공부하는 데 도움을 줄 수 있다. 공부와 취미 활동이 균형을 이룬 환경에서 아이는 자신의 잠재된 역량을 극대화할 수 있다. 공부와 취미를 적절히 조화시켜 상호 상승효과를 본다면 더할 나위 없이 좋을 듯하다.

눈을 돌려 아이를 다시 보기 시작한 시점이었다.

그때부터 아이가 하는 것들을 유심히 관찰하기 시작했다. 기타 연습에 몰두하는 것만큼이나 공부에도 집중했다는 사실을 나는 그동안 보지 못했다는 것을 깨달았다. 아니, 보려고도 하지 않았다는 말이 더 맞겠다.

아이는 그동안 좋아하는 것에 몰두하면서 집중력이 놀랍게 향상되었고, 무엇보다 공부를 하는 동안 스트레스가 쌓이지 않도록 좋아하는 것을 즐기면서 긴장과 이완을 조절하고 있었던 것이다.

믿고 기다리는 동안은 분명 불안하고 힘든 시간이다. 그렇지만 열정을 품고 하고자 하는 것이 있다면 막는 것만이 능사는 아니다. 그것을 미래에 어떻게 유리한 쪽으로 활용할 수 있을지, 고민해보는 것이 아이를 위하는 것이고 더 나은 성장을 가져오는 것이 아닐까 생각한다.

아이는 입시의 힘든 현실 속에서 고등학교 생활을 즐겁게 이겨냈다.

축제 때마다 전교생의 주목을 받으며 3년을 공연 동아리 베이스 기타 주자로서 활약했고, 시간이 주어질 때면 음악실에서 연습을 하면서 친구들과 음악적 교류도 하고 함께 만들어가는 하모니의 쾌감을 느끼면서 스트레스를 날렸다고 한다.

어떻게 보면 우려할 일들이, 궁극적으로는 삶을 윤택하게 하는 커다란 윤활유가 되어 돌아온다는 것을 이 아이는 6년에 걸쳐 몸으로 보여주었다.

이제 우리 아이들의 경쟁 상대는 세계의 인재들이다. 세계에서 통하는 사람은 미래의 성장 가능한 전인적인 교육을 받은 사람일 것이다.

독서와 예체능 교육을 통해 심신을 단련하고 봉사활동이나 단체활동으로 리더십을 배우는 등 여러 가지 자질을 조화롭게 갖추는 것이 경쟁력을 키우는 중요한 요소다.

취미나 동아리 활동이 학습에 미치는 영향

1. 스트레스가 해소된다.
2. 성취감을 준다.
3. 주도적으로 학습과 취미를 조화시켜 상승효과가 있다.
4. 뇌를 자극하고 소근육을 활용함으로써 집중력이 향상된다.
5. 취미로 인한 성취감이 학습에도 성취로 이어진다.

* 내 아이가 취미나 운동에 빠져 있더라도 너무 걱정하지 마라.

작은 일이라도 스스로 극복할 힘을 길러라

초등학교 1학년의 3km 마라톤

영재고, 특목고, 국제고 등과 대학 입시의 자기소개서에서는 어려움을 극복하기 위해 노력한 사례와 이를 통해 배우거나 느낀 점을 작성하는 문항이 있다.

아무리 사소한 경험이라도 스스로의 노력으로 어려움을 극복해본 아이는 더 큰 어려움도 능히 이겨낼 힘이 있을 것이라는 판단에서 기록을 요구한 문항일 것이다. 상급 학교에서는 학문의 깊이를 더해가는 과정에서 맞닥뜨릴 난관을 스스로 이겨낼 수 있는 학생을 선별하여 학교를 빛낼 인재로 키우고 싶어 한다.

이러한 극복 의지나 경험들은 특별하고 거창한 사건을 통해서만 생긴다고 생각지는 않는다. 학교의 소소한 행사들로도 강한 정신력을 기를 수 있음을 내 아이의 사례를 통해 느껴보길 바라는 마음에서 소개한다.

내 아이는 세상의 빛을 본 지 10개월 만에 심장에서 나오는 동맥이 부풀어 오르는 일종의 바이러스성 질환에 걸렸다.

제대로 병명을 알기 전, 첫 병원의 홍역이라는 오진으로 열흘 동안 고열을 못 잡아 생명이 위태로웠던 위급한 상황을 넘겨야 했고, 그 후로 청소년 심장센터 최종 완치 판단이 내려진 중1까지 늘 조마조마한 마음으로 어린 시절을 보내야 했다.

조금이라도 무리했다 싶은 날이면 영락없이 새벽녘 응급실로 뛰어야 했던 유아기 때는 자는 아이 숨소리에 예민하게 귀를 기울이고 밤을 지새우기 일쑤였다.

그러다보니 조기 교육 붐이 어느 때보다 극성했던 밀레니엄 베이비 세대 틈바구니에서 내 아이의 유아 교육은 집에서만 이뤄져야 했다. 그러니 아이가 초등학교 입학 전까지 다른 아이들과 어울린 시간은 6세 후반기의 어린이집 한 학기, 유치원 1년이 전부였다. 그것도 교육비는 다달이 꼬박꼬박 전액을 다 내면서 고작 4~5일만 등원한 달이 흔했다.

그런 아이가 초등학교를 입학하게 되었으니 어찌 감격하지 않을 수 있겠는가. 누구나 가는 초등학교 입학 날이지만, 키 작은 아이가 맨 앞줄 책상 앞에 앉아 있는 모습이 내겐 기적이었다.

1학년 학기 초, 교내 행사로 3km 주니어 마라톤을 한단다.

어느 정도 학교생활에 적응도 잘하고 무리 없이 다른 아이들과 다를 바 없이 재밌게 생활하던 터라 아이의 무조건 참여하겠다는 고집을 굳이 꺾지 않았다.

할머니 할아버지와 함께 비상대책 가족회의를 거쳐 조심해서 뛰어보기로 하되, 이른바 극성 엄마들 대여섯 틈에 나도 함께 끼어서 뛰기로 결정했다. 아이는 혼자 뛰겠다며, 엄마가 와서 같이 뛰어주지 않기를 바랐지만 잠깐만 가보겠다고 잘 설득하고 무리가 되면 중간에 그만 뛰어도 되고, 걸어도 된다고 단단히 일러두었다.

아이의 컨디션은 좋았지만 꼴찌여도 좋으니 완주하는 것만으로도 의미가 크다고 생각했다. 힘들다고 하면 중간에라도 그만 뛰게 하고 여기까지 뛴 것만으로도 훌륭히 잘 해낸 것이라고 깨알교육을 시켜주고 데려오는 게 목적이었을지도 모른다.

걱정 반 기대 반… 마음을 졸이다가 스타트한 아이 옆에서 같이 뛰기 시작하는데 아이는 자꾸만 엄마를 의식하고 앞서 나가려 하는 것이다. 나 때문에 아이가 더 무리하는 것 같기도 하고, 엄마 도움 없이 혼자 뛰어보겠다는 아이의 마음도 읽혔다. 나는 그때부터 약간 거리를 두고 뒤따르기 시작했다.

'그래, 함께 뛰는 친구들과 엄마들이 옆에 있으니 혼자 힘으로 뛰어보아라. 너를 가장 사랑하는 엄마는 뒤에서 너를 응원한다.'

어른들은 걷다 뛰기를 반복하며 아이들 옆이나 뒤에서 연신 파이팅을 외치며 따른다. 내 아이는 종종거리는 뜀박질로 쉼 없이 달린다.

멀찍이서 애처롭게 뒤따르는 엄마를 돌아보지도 않고 앞만 보고 달리는 아이를 잠시 쉬게 하고도 싶었다. 그러나 내심 아이 앞에 놓인 최초의 산을 자기 힘으로 넘을 수 있는 경험을 하도록 하고 싶은 마음이 들었다.

일등으로 결승선을 통과한 반 친구 아이는 아빠도 역시 선수 같은 포스였고, 함께 일등의 기쁨을 나누고 있었다. 전혀 부럽지 않았다. 완주한 상위 그룹에는 내 아이도 작은 가슴으로 숨을 헉헉 거리며 앉아 있었다. 그 모습에, 내 눈과 내 가슴에선 하염없이 눈물이 흘렀다.

'장하다, 기특하다, 해냈구나. 내 사랑 아가, 내 아픈 아가. 네 힘으로 네 앞에 놓인 큰일을 해냈구나. 사랑한다, 내 아들아!'

선생님은 〈마라톤을 마치고〉라는 제목으로 후기를 쓰라며,

스탠드에 모여 앉아 숨을 고르고 있는 고사리 같은 아이들의 손에 종이와 연필을 쥐어 주신다. 그것으로 3km 마라톤 행사는 끝났다.

다음날 아이가 기쁜 얼굴로 상장을 내밀었다. '3km 주니어 마라톤 소감문 글쓰기' 우수상이었다.

"숨이 턱까지 차오르는 느낌에 포기하고 싶기도 했지만 끝까지 이겨내서 엄마가 기뻐하는 모습을 보고 싶었다. 다 뛰고 엄마 얼굴을 봤는데 무척 기뻐하는 모습을 보며 벅찬 기쁨을 느꼈고, 앞으로 더 건강해져서 부모님께 기쁨을 드리고 싶다."

마라톤을 마치고 아이는 입원을 했다. 아직 온전한 몸 상태가 아닌데 무리를 준 것이 아니나 다를까 탈을 낸 것이다.

숨소리에서 이상한 소리가 섞여 나오고 컹컹거리는 기침을 하곤 했다. 으레 그랬던 것처럼 무리하면 찾아오는 급성 호흡기질환이다. 아이는 병원이 차라리 편하다.

학교 갈 시간에 아이는 병실에 누워 편하게 이 책, 저 책 많이도 보았다. 담임선생님은 혹여 학교 행사로 인해 병이 재발했는가 싶어 무척 걱정하셨지만, 우리는 마라톤으로 아이가 어려움을 견디고 최선을 다하면 참 기쁨을 느낄 수 있다는 교훈을 얻어 아이에게 좋은 경험이었다며 감사의 말씀을 드렸다.

어린 나이에 자신의 약점을 극복하고 어려움을 이겨낸 잊을 수 없는 기억을 선물해준 학교가 진심으로 고마웠다. 아이는 마라톤을 통해 학교에서 의도했던 교육 목표를 고스란히 이룬 것이다.

영재학교 입시를 위한 자기소개서에 우리는 이 스토리를 써 넣었다. 어려움에 대한 극복 의지와 앞으로 다가올 역경을 이겨낼 의미 있는 경험이었기 때문이다.

작은 하나에서 성공하면 다른 것들에서 성공할 확률이 높아진다는 확신을 갖게 한, 작지만 소중한 경험이었다.

자기 삶의
주인이 되게 하라

아이만의 경험과 의미는
돈으로 살 수 없는 소중한 가치

아이가 여섯 살 되었을 무렵 할아버지, 할머니, 아빠, 엄마 그리고 아이 이렇게 3대가 제주도로 여름휴가를 떠났다.

카우보이모자를 쓴 하얀 얼굴의 귀여운 사내아이는 처음 타보는 비행기 안에서 친절하고 예쁜 스튜어디스 누나들의 사랑을 한 몸에 받으며 우쭐한 기분으로 처음 바다를 건넜다.

짧은 여행이나마 아이에게 좋은 추억으로 남길 바라면서 우리는 모든 초점을 아이에게 맞추어 제주도 푸른 바닷가에서 신나고 여유로운 시간을 보냈다.

바닷가에 숙소를 잡은 덕분에 아침 일찍이 바닷가를 산책할 수 있었고, 점심식사 후에는 바다에서 해수욕을 하고, 저녁엔 노을을 보며 정원 잔디에 풀어져 있는 토끼 한 마리와 뛰어놀며 추억 쌓기를 할 수 있었다.

얼마만의 제주도 여행인지… 제주의 바다는 그동안의 수고를 위로라도 하듯 외국 어느 휴양지 못지않은 에메랄드의 환상적인 빛을 선사했다.

아이도 온가족이 함께하는 여행에 신이 났는지 바닷가에서 맘껏 물놀이도 하고 천진스럽게 뛰어놀았다.

제주의 바다와 하늘이 맞닿아 있는 풍경을 한눈에 볼 수 있는 숙소에는 주인장이 평생을 수집해온 수석을 전시해놓은 지하 갤러리가 있었다.

우리 가족과 마주치기만 하면 갤러리 자랑이 늘어지는 주인장의 극성에 우리는 여행 마지막 날에 마지못해 갤러리로 향했다. 우리 가족의 뒤를 따르며 쉴 새 없이 작품 설명에 신이 난 주인장의 열정은 대단했다.

"이 돌 한가운데 구멍은 자연에 의해 만들어진 건데, 우주를 상징하는 듯 아름답지 않습니까? 이건 마치 사람이 고뇌

하고 있는 듯 숙연해지는 작품이지요. 이것 좀 보십시오. 제가 가장 좋아하는 건데요, 어머니가 마치 아기를 품고 있는 것처럼 고귀한 사랑이 느껴집니다."

하나, 둘… 주인장의 설명과 곁들여 감상을 하다보니 정말 자연의 작품들은 놀랍게도 인간이 만들어낸 그 어느 것보다 품격이 느껴졌다.

아이도 이를 이해한다는 표정으로 연신 눈을 반짝거리며 작품과 주인장을 번갈아가며 유심히 듣고 보고 한다.

"엄마, 엄마, 이리 좀 와보세요! 이 돌은 마치 구름 같지요? 이건요~ 곰이 누워서 자고 있어요."

아이는 마치 자기가 큐레이터라도 된 듯, 내 손을 끌고 이리저리 다니며 설명에 나서기 시작한다. 새로운 것에 관심을 갖게 된 것만으로도 색다른 시간이었다.

어느새 3박4일은 순식간에 지나고, 온 가족의 여행 가방은 한 가득이다. 나는 엄마이자 아내이자 며느리의 이름으로 아이의 가방뿐 아니라 부모님과 우리 부부의 가방까지 챙기며 추억을 담아 넣었다.

힘들게 짐을 싸고 있는데 묵직한 봉지 하나가 아이의 가방을 차지하고 있었다.

"얘야~ 이게 뭔데 이렇게 무겁지? 가뜩이나 짐도 많은데 너 이 가방 무거워서 어떻게 가져가려고 그래?"

봉지 안에는 각종 모양의 돌멩이들이 가득 들어 있었다.

"너, 언제 이렇게 많이 주운 거야? 어머나, 이걸 다 가져가려고? 쓸데없이 돌멩이를 가져가서 뭐하려고?"

"안돼요~! 절대 그거 빼면 안 돼요. 다 가져가야 한다고요~."

아이는 하나라도 빼놓을까봐 걱정하며 무거워도 자기가 다 들고 가겠다고 한다. 아이의 사정에 할 수 없이 옷 사이마다 자그마한 돌멩이가 가득 든 봉투들을 넣었다.

여름휴가의 추억이 희미해져갈 겨울 즈음, 아이의 책상 서랍을 정리하면서 서랍 안에 돌멩이가 가득한 것을 발견했다. 제주도 수석 갤러리 관람 이후, 아이에게 돌 수집이라는 취미가 생긴 것이다. 그 후로 초등학교 졸업할 때까지 6년 이상을 꾸준하게 돌을 모으기 시작하는데, 이러다 집 주저앉으면 어떡하나 싶은 염려마저 들었다.

아이가 초등 4학년이 되었을 때, 미국에 사는 외삼촌댁을 방문할 기회가 있었다. 아이와 함께 외삼촌댁 근처 버클리대학교를 둘러보았는데, 학교 내에 마침 꽤 큰 규모의 돌 박물관이 있었다. 아이는 너무 흥분해서 신기하고 오묘한 수많은 돌들과 보석들을 관찰하게 되었다.

아는 만큼 보이고 관심 있는 곳에 눈이 간다고, 학교 안의 멋진 건물들에는 시큰둥하더니 돌 박물관에서는 반나절이 지나도록 보고 또 보고 이것저것 관심을 갖는 얼굴에 미소가 만연했다.

이렇게 아이의 첫 미국 방문은 돌 박물관에 대한 기억으로 지금까지도 가득하다. 그 후로 아이는 돌뿐만 아니라 병뚜껑을 수집하기도 했고, 나무젓가락을 이용한 고무줄 총을 만들어 모으느라 책상 서랍은 수집한 물건들로 몸살을 앓을 정도였다.

나는 이러한 것들이 사소한 것이라도 섬세하게 들여다보며 의미를 부여하고 작은 차이들을 관찰하고 비교하는 능력을 길러 주었다고 생각한다.

많은 엄마들이 아이가 어릴 때 서랍 안에 숨겨놓은 자질구레한 것들을 지저분하고 쓸데없다고 생각하여 몽땅 쓸어내 버리기 바쁘다. 그리고는 엄마가 보기에 꼭 필요한 물건들로 깔끔하게 정리를 해둔다. 하지만 그 쓸데없고 자질구레한 것들에는 아이들 자신만의 경험과 의미 있는 가치와 환상적인 꿈이 듬뿍 담겨 있기도 하다.

현재 내 아이는 자기가 즐겨듣는 음악 하나에도 의미가 담겨 있고, 필요한 물건을 구입할 때에도 모양이나 필요나 훗날의 가치까지 생각해가며 신중하게 고르는 습관이 있다. 마치 어릴 적 돌멩이의 모양을 이리저리 살피듯이 말이다.

작은 변화들을 감지하는 능력과 더불어 아마도 자신만의 경험과 사연을 소장함으로써 또 다른 삶의 행복을 가꾸어 나가는 게 아닌가 싶다.

나는 사물을 새로운 각도로 바라보고 아끼며 간직하는 아이를 볼 때마다, 앞으로 자신의 인생 발자취도 소중하게 간직해 나갈 것이라는 믿음이 간다.

돌멩이에 대한 기억을 떠올리다 보니, 작가가 기억이 나지는 않지만 새로운 발상의 시 한 편을 소개한다.

이건

하늘이 변비 끝에 쏟아낸

똥이야

엉덩이가 찢어지도록

아팠을 거야

_ 〈돌멩이〉 전문

독립심은 인생을 살아갈 강력한 힘

우리가 주체적인 삶을 살아가는 데 걸림돌은 뭘까.

어른으로 살아가면서 힘든 경우들을 가만 생각해보니, 책임지는 삶이 버겁고 힘이 든다는 생각이 들었다. 어릴 때는 내가 책임질 일이 거의 없다. 부모님이 때마다 먹을 것을 준비해주시고 편한 집에서 살아갈 것들을 책임지고 마련해주셨다. 뭐든 다 돌봐주고 해결해 줄 든든한 부모님이 있어서 나는 뭐 하나 책임질 걱정 없이 지낼 수 있었다.

그러나 성인이 되고 사회에 발을 내딛게 되면서 부모님은 더 이상 내 인생을 책임지고 나를 대신해서 뭐든 해줄 수 있는 상황이 아니었다.

한 끼 식사로 일주일을 살아갈 수 없듯이 부모의 힘은 함께 있을 때 뿐, 나머지는 스스로 챙겨가며 살아가야 한다. 그러기에 어릴 때 함께할 때 좋은 습관과 기본 교육들이 이루어져야 한다.

아이에게 어른이 되어서 살아가는 데 힘이 될 책임감과 독립심을 길러주는 것은 평생의 부모 노릇 못지않은 소중한 자산을 물려주는 것이다.

아이들은 사춘기가 되면 독립하기 위해 아우성을 친다. 그 동안의 부모의 개입을 벗어나 스스로 해보고 싶은 것들이 생겨나는 것이다. 정신적으로나 육체적으로 성장하면서 스스로도 힘을 조절하지 못해 좌충우돌하는 과정을 거치면서 제대로 홀로 설 수 있는 성인으로 성장해 가는 것이다.

이 시기에 부모는 격려하고 칭찬하면서 홀로 설 수 있도록 도와주어야 한다. 언젠가 부모의 품을 떠나 자립하여 바로 서야 하기 때문에 이 과정을 막는 일은 하지 말아야 한다.

내 아이가 자기 삶의 주인이 되게 하려면

1. 무슨 일을 하든 눈가림하지 말고 온 마음을 다해 하게 하자.
2. 작은 일에도 최선을 다하는 자세를 갖게 하자.

아이가 독립적으로 바로 서려면, 다른 사람과의 경쟁보다 자기 자신과의 경쟁에서 이기는 것이 더 중요하고 우선이다. 자신에게 부끄럽지 않고 당당한 사람이 되는 것, 다른 사람이 보지 않을 때의 모습에서 그 사람의 진정한 됨됨이가 나타난다.

이는 아이들에게만 요구되는 것은 아닐 것이다. 이 사회에는 얼마나 많은 어른들이 아이들에게 몰지각한 모습을 노골적으로 보이고 있는지 부끄럽기 짝이 없다. 인간의 성품은 평생에 걸쳐 노력하고 교육해야 하는 일임에 분명하다.

자기 자신과의 경쟁에서 이기려면 항상 치열한 내적 싸움이 일어나야 한다고 본다. 사람은 편한 쪽으로 길들여지기 쉽기 때문이다. 마음 가는 대로 편하게 결단하고 행동하는 것에는 반드시 책임이 따라야 하는 것이다.

성인이 되어서 자기와의 싸움에서 거뜬히 승리하기 위해서는 어릴 때부터 가정에서 인격이 잘 형성되어야 하겠다. 스스로에게 떳떳하고 자신과의 경쟁에서 이겨낸 아이는 삶 전체를 스스로 이끌어 나갈 충분한 능력을 갖게 된다.

자기 스스로 삶을 책임지고 인생을 주체가 되어 설계해 나갈 때 비로소 바로 섰다고 말할 수 있다. 홀로서기가 되어 있지 못한 사람은 아무리 나이가 많아도 어른이라고 하기 어려울 것이다.

헬리콥터 맘, 드론 맘이 되어 엄마가 모든 주체가 되어 열심히 돕고 끌어주는 것이 지금은 자녀에게 도움이 되고 부모로서 마음이 편하다고 생각될지 몰라도, 머지않아 혼자서는 아무것도 결정할 수도 없는, 그리고 다른 사람들을 의식하느라 주체적으로 살지 못하는 자식을 볼 때에 후회하게 될 것이다.

지나간 시간은 결코 돌릴 수 없다. 한번 놓친 자녀 교육은 후회해도 되돌려 다시 적기에 교육할 수 없다는 사실을 기억하자.

눈앞에 조금은 실수가 있더라도 부모 슬하에서 경험하도록 기회를 주자. 이것이 미래를 살아갈 자녀에게 줄 수 있는 진정한 사랑이고 값진 유산이 아닐까 생각된다.

교육의 최종 목표는 행복이다

부모만큼 아이의 성장 과정에서 영향력을 미치는 사람이 또 있을까.

아이의 성격과 적성을 다른 사람들보다는 훨씬 많이 파악하고 있는 사람이 부모다. 부모는 내 아이에게 가장 필요한 것이 무엇인지, 좋아하는 것과 관심 있는 것이 무엇인지 잘 알고 있다. 그리고 부모는 당연히 아이에게 좋은 영향력을 주어야 할 책임이 있다.

아이는 두세 살 무렵부터 부모의 생활방식을 보고 듣고 배운다고 한다. 아이가 성장하는 데 부모는 직접적인 본보기라는 것이다. 나는 아이가 한창 자라나는 시기에 나로 인해서 좋은 쪽으로든 나쁜 쪽으로든 조금씩 변화해가는 과정을 보면서 내심 놀라움을 금치 못했다.

이렇듯 아이는 부모에게서 가장 많은 영향을 받으면서 성장한다. 그러나 부모가 이를 외면하고 그 역할을 다른 누군가에게 떠넘기는 경우를 많이 본다. 또 사랑이라는 명목으로 아이를 놓아주지 않고 지나치게 몰아치며 조종하려는 부모도 많이 본다.

자원 빈국인 우리나라는 거센 역사의 소용돌이 속에서도 교육의 열정으로 세계 10대 경제대국(무역 규모 기준)의 대열에 서게 되었다. 세계 IT 강국의 위상도, 세계적인 제조업을 떠받치는 과학기술의 발달도 다 유례없는 교육열의 덕을 크게 입었다고 할 수 있다.

그러나 놀라운 성장과 다른 나라에서도 부러워할 교육열이 이제는 부끄러운 이면을 드러내고 있다. 곳곳에서 심각한 사회문제가 대두되고, 학생들의 학업 수준은 상위권인 반면에 행복지수는 하위권을 면치 못하고 있다. 극도로 과열된 교육 경쟁의 현실이 모두를 힘들게 만들고 있는 것이다

단지 높은 점수를 받고 이른바 명문 학교에 진학하는 것이 행복은 아닐 것이다. 교육은 더 나은 가치를 발견하고 자기를 수양하고 삶의 본질을 알아가는 것이다. 평생교육이 이루어져야 하는 것은 죽을 때까지 성공하기 위해서가 아니라, 모두가 더불어 행복하기 위해서일 것이다.

함께 꿈꾸며 서로의 꿈을 응원하며 서로를 귀하게 여기는 것, 그리하여 행복하게 사는 것이 우리 교육의 가장 중요한 목표라고 할 수 있다.

다행히 입시의 추세가 줄 세우기에서 함께 가기로 점차 양상이 바뀌고 있다. 이제는 더 이상 1%만 행복하기가 아닌 100% 모두가 행복한 사회로 가야 한다. 우리가 아이를 보다 행복하게 키우려면, 우선 부모가 먼저 행복해야 한다.

그러나 주위의 환경이나 수많은 정보들을 통해 우리는 교육에서조차 성과 위주로 자기도 모르게 목표가 바뀌면서 불행한 삶을 살게 되는 것 같다. 행복하기 위해서는 사랑이 동반되어야 한다. 대상을 사랑하면 그의 행복을 위해 고민하고 행동하게 되며, 성과를 떠나 존재 자체만으로도 행복하게 될 것이다.

그리고 스스로 환경을 만들어나가야 한다. 남을 탓하고 환경에 문제를 돌리고 제도의 불합리성을 말하기에 앞서 스스로 만들어가야 한다. 아이가 조금 마음에 들지 않은 행동을 했더라도 잘한 부분을 찾아 칭찬을 하면 아이는 그 칭찬에 힘입어 좀 더 나은 모습을 보이려고 노력할 것이고, 그 노력을 보는 부모의 마음은 흐뭇하게 될 것이다. 이런 선순환이 결국 원하는 발전을 가져온다.

아이의 인생에서 가장 궁극적인 목표인 행복으로 가는 길에 가장 큰 영향을 끼치는 사람은 바로 부모이기에 책임감을 느끼고 사려 깊게 교육에 임해야 한다.

교육을 행복을 위해 사람의 가치를 높이는 것이라고 여긴다면, 우리가 아이를 교육하는 것은 단지 대학 진학만을 위한 것은 아닐 것이다. 대학은 꿈을 이루기 위한 수단이자 과정이다. 직업도 마찬가지다. 현재 다들 좋다고 하는 직업이나 직장이라서 원하는 것이 아니라, 아이의 미래가 되는 직업은 아이의 가치관과 적성 그리고 소실과 같은 종합적인 판단과 계획 아래 정하는 것이 바람직할 것이다. 옆집에서 아이를 산으로 보낸다고 해서 바다를 좋아하는 내 아이까지 산으로 보낼 순 없지 않은가.

아이에 대해 세심한 관심 없이 방치하다시피 하거나 아이를 위한다며 맹목적인 사랑과 헌신을 쏟는 부모의 노력들이 아이의 행복 만들기 여정에서 어떠한 동의도 얻지 못한다면 진정으로 아이를 위하는 것인지 의문을 갖게 된다.

아이는 우리가 가늠할 수 없을 정도로 무한한 가능성을 가진 존재다. 아이의 인생은 어떠한 환경에서 자라느냐에 따라 크게 달라질 수 있기에, 부모가 멀리 내다보고 궁극적인 목표를 이루게 하는 교육 환경을 만들어주는 것이 무척 중요하다.

나는 내 아이가 한참 성장하던 시기에 뜻하지 않은 반가운상을 받아올 때면 무척 기뻤다. 여기저기서 축하 받느라 며칠은 정신없이 기분 좋게 보낸다. 그런데 이 기쁨이 영원하진 않다는 것을 우린 안다. 3일은 좋지만 그 후 또다시 새로운 도전은 계속되며 3일 전이나 달라진 것 없는 일상의 연속이다.

행복한 아이로 키우기 위한 부모의 자세

1. 아이를 진심으로 믿고 기다려주어야 한다.
2. 교육의 진정한 목표는 아이의 행복이어야 한다.
3. 바른 소신과 중심을 잡고 세심한 공부와 연구가 필요하다.
4. 전공에 관심을 기울여 주고, 함께 노력해주어야 한다.
5. 끊임없이 격려하고 소통해야 한다.
6. 아이를 지도하는 선생님께 존경심을 가져야 한다.
7. 잘한 것은 칭찬해주어야 한다.
8. 아이가 도움을 필요로 할 때 시의 적절하게 도울 수 있어야 한다.
9. 부모가 솔선수범하는 행동을 꾸준히 보여주어야 한다.
10. 부모가 서로 화목하고 존중하는 모습을 보여야 한다.

* 진로를 따라 멀고 힘든 길을 걷기 시작하는 아이를 위해 부모는 조언자이자 응원자가 되어주어야 한다.

눈앞의 성과로 이루어진 행복은 유효기간이 짧다. 나는 이것을 행복이라기보다 순간의 성취감이라 표현하고 싶다.

우리는 대단히 거창하거나 멋진 결과에서 참 행복이 있을 것이라 생각하기 쉽지만 실상은 그렇지 않은 것 같다. 사소한 일상에서 참 행복이 지속된다면 그는 행복한 삶을 살아가고 있다고 할 수 있겠다.

참 행복이란 홀로만 느끼는 기쁨보다 더불어 성공하는 기쁨이고, 꿈을 꾸고 그 꿈과 이상을 향해 걸어가는 작은 걸음들이 결국 행복한 걸음이 아닐까 생각한다.

함께 행복하자. 그리고 내 자녀의 궁극적인 행복을 위해 믿고 기다려주는 부모가 되어보자.

CHAPTER 4

자녀 교육의
성공은 인류애

큰 그림을
그려라

꿈꾸지 않으면 이룰 것도 없다

변화를 예측할 수 없는 시대를 살아갈 우리 아이들에게 과연 어떤 꿈이 어울릴까.

4차 산업혁명을 말하는 이때, 변화에 대한 공감은 무르익어가고 있고 교육 현장에서 우리 아이들은 변화를 갈망하고 있다.

그렇다면, 우리가 생각하는 범주 안에 드는 것만이 좋은 꿈일까.

사회가 요구하는 다양화에 맞추어 변화를 꿈꾸는 아이들

을 위해서 교육도 시대에 따라 변화해야 한다고 생각한다. 규격화된 제품을 생산해내던 대량생산의 시대는 이미 지났다. 시험 문제도 답안도 다른 생각을 인정해야 하며, 오히려 다른 결과를 만들어내려는 노력까지도 필요하다고 생각한다. 각자의 고유성을 찾아내어 다양한 아이들이 계속해서 배출되는 환경이 만들어지기를 나는 희망한다.

우리의 희망이 사라져가고 있다는 자조 섞인 푸념을 늘어놓기에 앞서, 교육의 진정한 혁명이 필요한 때임을 모두가 자각했으면 좋겠다.

모두가 가니까 나도 간다는 식의 무조건적인 경쟁에서 벗어나 미래사회에 꼭 필요한 역량을 키워나가는 것으로 희망을 말할 수 있는 교육현장이 되었으면 좋겠다.

그러기 위해서는 개개인이 고유한 특성을 개발하고 키워나가는 자기주도 교육이 이뤄져야 할 것이다.

자신만의 교육 로드맵을 가지고 주도적으로 교육해 나간다면, 흔들림 없이 성장해 가면서 다른 사람과 비교하지 않게 된다.

전체적인 큰 그림으로 교육이 이루어지면 주변에 이른바 입시명문 학교나 학원 또는 족집게 과외교사에 의존하지 않게 되며, 도중에 방향을 잃거나 다른 사람들이 가는 길이 좋다고 해도 맹목적으로 따라가는 일은 없게 된다.

자기만의 목표를 가지고 장기간에 걸쳐 집중적으로 힘쓴다면 나중에 부모가 일일이 개입하지 않아도 아이 스스로 삶을 열어가게 될 것이다.

아이는 부모가 꿈을 가지란다고 해서 원대한 꿈을 꾸게 되는 수동적인 존재가 아니다. 말로써 꿈도 꾸고 그 꿈을 이룰 수만 있으면 좋으련만 그렇게 되지만은 않는다. 꿈을 꾸고 이뤄나가기 위해서는 지속적인 노력이 필요하다.

아이들은 칭찬을 먹고 자란다. 나는 아이가 아주 어려서 말도 잘 알아듣지 못하던 때부터 양육의 초점을 칭찬에 두었다. 평소 꾸지람이나 훈계보다는 칭찬이 교육적 효과가 더 크다는 것을 알고 있었다.

아이가 첫 걸음을 뗐을 때 모두가 잘했다고 손뼉을 치면서 기뻐하면 아이는 금세 또 한 걸음을 떼듯이, 내 아이는 칭찬과 격려로 한 단계 한 단계 성장을 거듭했다.

젓가락을 쥐고 반찬을 처음으로 집어 올렸을 때, 책가방을 메고 첫 등교를 했을 때, 트럭 밑바닥에 타이어 하나가 붙어 있다는 사실을 알아냈을 때, 남들과 다른 수학 공식 암기법을 고안해냈을 때, 책을 읽고 작가와 다른 견해를 나타냈을 때, 아이는 계속된 칭찬과 관심 그리고 격려 속에서 생각이 나날이 넓어지고 깊어지는 것을 보았다. 그리고 그런 가운데 거듭되는 성취감을 느끼고 꿈을 더 높이 키워가는 것을 보았다.

아무리 소소한 칭찬일지라도 에너지가 있다. 그리고 그 안에 사랑이 내포되어 있다. 이것들이 쌓여 결국 큰 성공을 이루고 원대한 꿈을 꾸게 만드는 것 같다. 그래서 나는 사랑이 담긴 칭찬으로부터 에너지가 생성되어 세상을 바꾸어놓을 큰 꿈으로 성장한다고 믿는다.

나는 아이가 도덕적인 생각이나 행동 그리고 좋은 인성을 내비칠 때마다 그것이 아무리 사소해보이는 것이라도 칭찬을 거르지 않았다. 칭찬으로부터 모든 창의적인 생각이 자란다고 생각했고, 바른 인성을 바탕으로 삼아야만 인류를 위한 큰 생각을 키울 수 있다고 믿었기 때문이다.

아이가 영재학교를 다니던 어느 날, 아이는 내게 눈물겹고 희망찬 자신의 꿈을 이야기해주었다.

과학의 심화 과정을 공부하면서 생명과학에 관심을 갖게 된 아이는, 현대의 과학기술 문명에서 소외된 국가들을 돕고 싶다고 했다.

개발도상국에 필요한 신재생 에너지나 기술들을 개발하고 접목하고, 그들 지역의 환경이나 경제 여건에 맞는 기술을 전파하여 소외된 계층을 배려하고 함께 가치 있는 삶을 공유하고자 한다는 포부를 꽤나 설득력 있게 펴보였다.

입시를 위한 문제풀이에만 몰두하는 것이 일반적인 것처럼 되어버린 고등학생 아이의 입에서 세계 인류를 향한 꿈이 쏟아져 나오는 것에 나는 무척 감격스러웠다.

내 아이가 보이지 않는 것에 대한 진정한 가치를 알게 되었구나. 1등만을 생각하는 것이 아닌 함께 살아가기 위한 고민을 하고 있구나, 하는 생각에 기특하고 뿌듯했다.

아이들은 누구나 다 원대한 꿈을 스스로 키워나갈 수 있다고 생각한다. 단지 아이들의 그런 꿈을 우리 어른들이 여러 가지 명목으로 제한하고 가두는 것은 아닐까 돌아본다.

아이들은 우리 미래의 희망이지 않은가. 공존의 시대에 따뜻한 세상을 만들기 위해 노력하는 아이들의 꿈을 짓밟는 일을 어른들이 하고 있지는 않은지 돌아봐야겠다.

꿈을 꾸는 사람은 하루를 살아도 가치 있는 인생을 살아간다. 요즘 내 아이를 보고 날마다 드는 생각이다. 아이들은 자라면서 실수도 많고 잘못된 길을 가기도 한다. 이때 부모가 사랑을 전해주는 일을 미루지 않기를 바란다. 아이가 믿고 의지하고 따르는 사람은 부모이기에 좀 더 배려하고 격려하여 아이 스스로 딛고 성장할 시간을 주어야 한다고 생각한다.

우리도 시련과 갈등을 통해 성장해오지 않았는가. 부모가 사랑과 믿음을 준다면 분명 아이는 공존을 꿈꾸고 자신의 인생을 스스로 결정해 나가는 멋진 어른으로 성장해 나갈 것이라고 확신한다.

꿈이 있는 인재가 세상을 바꾼다고 한다. 세계가 외면하는 '우물 안의 인재'가 아니라 미래 사회에 세계가 탐내는 '광야의 인재'로 내 아이를 키우자. 이것이 바로 우리 부모의 역할이라고 생각한다. 아이의 참 행복은 아이 자신의 꿈을 성취하는 데 있고 이것을 가능하게 하는 것은 부모의 깊은 사랑일 것이다.

우리 아이들 각자의 가능성을 외면하거나 의심하지 말자. 꿈이 있고 희망이 있다면 못 이룰 것이 없다고 하지 않는가. 자신감을 가지고 최선을 다해 노력한다면 지금 당장은 그리 탁월해 보이지 않더라도 높아 보이기만 하던 학교 문턱도 가뿐하게 넘을 수 있을 것이며, 세계를 무대로 꿈을 활짝 펼치는 우리 아이가 되리라 확신한다.

꿈조차도 강요하지 마라

막연한 꿈은 목표가 아니다. 자신의 연령에 맞게 자신에 대한 성찰이 있어야 꿈을 꿀 수도 있고 구체적인 계획과 목표를 세울 수도 있다.

자신의 꿈이라면 독창적이고 구체적이어야 한다. 이는 부모라도 대신 해줄 수 없는 것이다. 아무리 자녀에 대한 사랑이 지극할지라도 대신 살아줄 수 없는 게 인생 아닌가. 그렇다면 스스로 자신의 길을 개척해 나가도록 지도하고 훈련해야 할 것이다.

꿈을 그릴 때는 자신의 생각과 자신의 미래가 담겨 있어야 한다.

자녀의 꿈이 부모가 보기에는 어설프고 불안해 보일 수도 있다. 하지만 아이 스스로 꿈을 가질 수 있도록 자기의 길을 생각하고 결정하고 준비해 나가는 것을 옆에서 기다려주고 지켜봐주는 것이 부모의 역할이다.

도움을 줄 것은 아이 스스로 보다 나은 꿈을 향해 나아가도록 아이가 혼자 경험하기 어려운 것들을 함께 경험하거나 간접 경험할 수 있는 기회를 주면 좋을 것이다. 함께 여행하며 많은 것들을 보여주거나 아이가 관심을 두는 것에 관한 책을 추천해주는 일, 미리 경험한 선배를 연결해주는 일은 부모가 얼마든지 도울 수 있는 것들이다.

너무 앞서 미리 결정지어주는 행위는 아이가 생각의 깊이를 더하고 크기를 넓힐 성장의 가능성을 미리 차단해버리는 것이므로 절대로 하지 말아야 한다.

부모가 자녀에 대해, 잘했든 못했든 어떤 상황이라도 존재 자체로 기뻐하고 유일한 아이의 편이라는 믿음을 주는 것 또한 아이에게는 중요한 힘이 될 것이다. 아이에게 행복감을 느끼게 하며 확실한 동기 부여가 될 수 있다. 아이에게 부모는 만족을 시킬 때만 사랑을 주는 존재라는 인식이 가득하다면 아이는 늘 긴장과 함께 자신에 대해 자존감이 떨어질 것이기 때문이다.

나도 내 아이가 어렸을 때를 돌아보면 후회되는 일이 많다. 직장에서 학생들을 지도하듯이 분명한 잣대만을 들이대며 아이를 엄격하게 훈육했던 일이 제일 후회된다.

부모는 무조건적인 사랑을 주는 존재여야 한다. 부모는 훌륭한 선생일 필요는 없다고 생각한다. 변함없는 내 편이라는 것이 아이에게는 안정감과 행복감을 주어 더욱 열심히 하려는 열정이 생겨나게 될 것이다. 이것을 늦게 깨달은 것이 이제 와 돌아보니 가장 안타깝다. 아이가 아직 어리기에 조금은 부족함이 보일지라도 아이에 대한 부모의 믿음이 오히려 아이에게는 실망을 시키지 않으려는 생각을 가지고 스스로 더 열심히 공부하는 계기로 작용할 것이다.

내 아이는 초등학교 3학년 즈음부터 과학에 흥미를 보였다. 솔직히 나는 문과였고 자라온 환경도 문과 집안이었기 때문에, 아이의 관심 분야가 부담도 되고 그리 탐탁지 않았다. 내가 잘 모르는 분야에 대해 어떻게 도움을 주어야 할지 막막한 생각이 들어 그때부터 관련 자료를 수시로 찾아보며 아이의 진로를 나름 짚어보았다.

부모가 자녀에 대해 세심하게 알고 지속적으로 챙기지 않으면 자녀의 잠재력을 사장시킬 수도 있다는 생각에, 아이의 초등학생 시절부터 중학생 시절에 이르기까지 관심사를 관찰하는 것에 온 정신을 집중했다.

아이는 물리나 화학 계통의 독서를 즐겨했고 상대적으로 생물이나 지구과학 계통에는 별로 관심을 두지 않았다. 그럼에도 전반적인 과학의 현상이나 원리에 많은 흥미를 느낀다는 것을 알고는, 막고 품는 식의 주입식 암기 교육이 아니라 과학의 전반적인 원리를 체계적으로 알려주고 실험과 논문까지 접할 수 있는 교육기관을 찾았다. 당장 눈앞에 보이는 높은 점수나 명문 대학을 위한 지름길은 아니었지만, 아이가 가고 싶어 하는 길에 최대한 가깝도록 기회의 문을 열어주는 역할이었다.

다른 친구들은 영어·수학 학원 다니며 숙제하느라 바쁠 때에 내 아이는 실험 키트를 들고 개구리 해부도 해보고, 희귀 식물도 키워보고, 메추리알을 부화시키며 재미난 실험들을 하면서 중요한 시기를 보냈다.

아이는 과학의 이론과 실습을 점수와는 상관없이 너무나 재미있고 깊이 있게 3년간에 걸쳐 공부하는 기회를 갖게 되었다. 지금 생각해도 이것이 내가 진로와 관련하여 아이에게 해 준 가장 잘한 일이었다고 생각한다.

아이는 점점 더 과학 전반에 걸쳐 지식이 늘어날수록 흥미를 더해가며 진로를 공학 계열의 엔지니어나 연구원으로 생각하게 되었다. 나는 이것에 대해 나쁘다거나 좋다는 생각은 하지 않았다. 무엇을 하든 아이가 좋아하는 일을 하는 것이 좋은 것이고, 그래야 행복할 수 있을 것이라고 믿었다. 나의 이런 소신은, 아이가 생각한 직업이 무엇이든 그 직업이 정확하게 어떤 일을 하는 것이라는 정도만 틈날 때마다 인지하도록 했지 그 직업에 대한 평판은 한마디도 하지 않았다.

자신이 좋아하는 일을 할 때에 그 능력은 배가되는 것 같다. 아이가 좋아하는 진로를 정하고 나서 해당 과목의 성적은 항상 좋았고 스스로 교내외 발명대회들을 찾아 도전하기 시작했다. 이것들로 자신의 꿈을 향해 조금씩 나아가게 되었다.

꿈은 꾸는 것만으로 끝이 아니다. 그것을 향해 실천해 나가는 것이 더 중요하다. 그렇기 때문에 꿈을 강요해서는 좋은 결과를 낼 수 없다.

우리 아이는 독서도 아주 싫어하고 꿈도 없다고 말하면서 아이의 미래를 암울하게 단정 짓지 않았으면 싶다. 우리가 어릴 적 보았던 만화책과 SF 영화의 터무니없는 공상들도 지금 모두 현실화되고 있지 않은가. 불과 수십 년 전만 해도 우리가 걸어다니면서 손바닥만 한 물건으로 통화를 하고 정보를 주고받거나 TV를 시청하리라고 누가 상상이나 했을까. 상상이 현실이 되듯, 꿈과 상상력을 키워나가는 데 창의적인 생각은 아이들의 큰 꿈을 향한 에너지원이 될 것이다.

이를 위해 지금이라도 아이에게 꿈조차 없다고 반복적인

잔소리를 하거나 틀에 박힌 교육을 하기보다는, 세계지도 한 장을 선물해 보는 건 어떨까 싶다. 그리고 그 세계지도 한 장으로 날씨, 역사, 도시의 문화 등에 대해 우리 아이들과 대화로 나눠보는 것이 더 나은 교육일 수 있다.

나는 내 아이와 돋보기로 사물을 보면서 세상을 보는 눈을 키웠고, 실험 개구리의 내장 기관들을 통해 인체를 알고 그 신비로움에 눈 뜨게 되었다.

우리 모두에게 허락되지 않는 꿈은 없다. 자녀에게 꿈조차 강요하지 말자. 부모도 꿈을 꾸는 부모가 되자. 우리에게 예측 불허의 시대는 이미 펼쳐졌으며, 우리 아이들은 그런 상상할 수 없는 꿈의 시대를 살아가게 될 것이기 때문이다.

기적은 반드시
일어나리라

준비된 사람만이 기회를 잡을 수 있다

우리 사회 현실에서 자녀 교육을 말하면서 대학 진학을 생각지 않을 수 없다.

현재 우리나라는 인구의 감소에 따라 입시에 임하는 학생 절대수가 줄어들고 있다. 2021년 입시에서는 대입 수험생이 대학 정원보다 적을 것이라고 예상한다. 실제로 일부 지방의 대학들은 학교가 문을 닫을 위기에 놓이기도 하고, 일부 학과들은 통합되거나 사라지기도 하는 현실이다.

그런데 왜 대입이 그다지도 힘들다고 하는 것일까. 대부분의 학생이나 학부모의 눈높이가 상위권 대학들에만 맞춰져 있기 때문일 것이다. 상위 15개 대학의 경우, 상대적으로 상위권 대학으로 올라갈수록 입시 경쟁률은 20:1을 넘어서 100:1의 경쟁률을 자랑하는 학과까지 등장하기도 했다.

그런데 그렇게 들어가기 어렵다는 상위권 대학에 합격하고서도 자기 적성에 맞지 않아 다시 대입을 치러 전공을 바꾸어 재입학하는 경우를 드물지 않게 본다. 성적만을 올려 자신의 진로와 상관없이 대학 중심으로 진학을 하다보면 이런 현상이 빚어진다.

이제 대학들은 이와 같이 자신의 진로에 대한 고민 없이 성적만을 올리는 데 급급한 학생들을 뽑지 않는 추세로 돌아서고 있다. 고등학교 재학 기간에 걸친 모든 활동들을 종합적으로 평가하고, 진로와 관련된 과목 이수나 활동들은 물론이고 인성에 관련된 서류를 바탕으로 정성적인 평가를 통해 선발하려는 방향으로 나아가고 있다.

그러므로 이제는 주입식 학습이나 문제풀이 학습 방법만으로는 원하는 대학에 진학하기가 갈수록 어려워지고 있다. 해당 전공 성적 외에도 다양한 것들이 준비되어 있지 않으면 자신이 원하는 대학에 들어가기가 힘들게 되었다.

일자리는 줄어들고 직업이 다양해지면서 사회는 보다 창의적이고 꿈과 끼와 열정적인 인재를 원하고 있다. 이에 맞춰 대학도 학업에 대한 열정과 의지가 있으며 발전 가능성을 보이는 인성에 기반을 둔 미래 인류를 위해 이바지할 학생을 원하고 있다. 이렇다보니 현재 입시에서 합격이 어려운 학생은 자신의 꿈과 끼를 모르는 준비되지 않은 학생이라 할 수 있겠다.

대학의 입시전형을 보면 학교별 비율에 차이는 있지만 수시전형의 학생부종합전형의 비율이 상위권 대학일수록 더 많은 비율을 차지하고 있다.

대학에서는 얼마나 자기 주도적으로 학업에 임했는지, 대학에서 전공을 수학하는 데 적합한 학생인지, 일관성 있는 준비를 해왔는지를 면밀히 살펴본다.

이런 것들을 살피는 중요한 참고자료로는 학생부의 기록과 기타 서류들이다. 그렇다보니, 초등학생부터 고등학생까지 완벽한 학생부와 풍부한 서류들을 갖추고자 각종 학원들을 통해 준비하고 있는 것이 현실이다.

그러나 이러한 것들은 오랜 기간 스스로 준비하지 않으면 안 되는 것들이다. 학생부에 의미 있는 한 줄을 넣기 위해 준비시키는 학원들이 등장하고 있다지만 대학의 취지와는 다르기 때문에 결국 어떻게든 걸러지게 된다.

　미리부터 준비가 이루어져야 하는 현 입시를 제대로 준비하려면 아이의 연령에 맞게 계획을 세워야 한다.

　나는 아이가 초등학교 저학년일 때는 본격적인 진로를 생각하기에 앞서, 기본적인 자기 탐색을 하는 시기여야 한다고 생각한다. 이때는 학업을 위한 기본 역량과 습관을 길러주는 중요한 시기이다. 많은 고등학교 현직 교사들이 초등학교 때에 제대로 갖춰진 습관이 고등학교에 와서 놀라운 학습효과로 발휘되는 것을 본다고 말하고 있다.

　초등학교 고학년이 되면서 아이는 진로 적성을 발견해야 하며, 중1 자유학년제를 거치며 직업에 대해 생각하고 결정하는 기간을 삼고, 고등학교에 가서는 결정한 진로에 적합한 전공을 결정하고 그에 따른 대입을 집중해서 준비해 나가야 할 것이다.

　내 아이 역시, 초등학교에 입학하기 전까지는 잠재력을 키울 수 있는 기본을 쌓아가는 과정을 보냈다. 다양한 분야에 걸친 재밌는 이야기나 게임을 활용해서 주로 외우기를 반복했다. 한자, 이야기, 영어노래, 성경암송 등 외울 수 있는 것들은 거의 외우기를 즐겼다.

암기력은 훈련할수록 키워진다는 걸 해본 사람은 알 것이다. 그리고 암기를 하다보면 집중력이 길러진다.

암기력이 좋아지고 집중력도 계속해서 늘어가다 보니, 초등학교에 들어가서는 수업시간이면 선생님 말씀을 줄줄 다 외워서 읊을 정도였다.

암기 학습이 집중력으로, 집중력이 적극적인 학교 수업 참여로, 그리고 결과적으로 좋은 성적으로 선순환을 이루는 것을 초등학교 다니는 내내 절실하게 느꼈다.

초등학교 전 과정은 독서하는 기간이자 진로를 탐색하는 과정이었다. 좋아하는 분야에 대한 독서는 물론이거니와 역사나 위인전 등을 많이 접하여 인성과 사고력을 두루 갖추는 시기였다.

내 아이는 초등학교 때부터 영어 학원은 다니지 않았지만 영어 독서를 많이 한 덕분에 나중에 큰 도움이 되었다.

수준별로 분류된 책들을 중학교 때까지 꾸준히 읽었는데, 이해력과 논리력, 문제해결능력 등을 영어로 키워나가게 되면서 학원 경험이 일 년도 안 된 아이가 고등학교에 가서 어려운 교과를 원서로 공부하고 영어로 진행되는 수업과 논문을 무리 없이 소화했다. 게다가 세계 각국의 영재들이 한 자리에 모여 연구하고 토론하며 함께했던 미국 방문 일정을 전혀 막힘없이 즐겼다.

그래서 나는 아이의 경험을 통해 언어는 독서로 배우는 것이 여러 면에서 유익하다고 생각한다.

변화하는 시대에 미래를 이끌어갈 우리 아이들이 무엇을 준비해야 제대로 준비하는 것일까. 그것은 소신 없는 획일화된 소망이 아닌 개개인의 고유한 매력을 바탕으로 한 경쟁력을 갖추는 것이라 생각된다.

이제 아이들이 진심으로 원하는 것이 무엇인지, 어디에 가치를 두고 있는지 들여다 봐야 한다. 그리고 그에 따른 역량을 키워나가야 한다.

우리가 인생을 살아가면서 만나게 되는 기회들은 수없이 많다. 하지만 꿈도 없고 노력하지 않는 사람에게는 어떤 기회도 오지 않으려니와 설령 온다고 해도 잡을 수 없다는 것을 잘 알 것이다.

천재는 노력하는 자를 이길 수 없고 노력하는 자는 즐기는 자를 이길 수 없다는 말이 있듯이, 우리 아이들 저마다가 가장 행복해할 수 있는 길이 어떤 길일지 고민하고 적합한 교육 방법을 모색하여 전략적인 학습과 교육이 이루어져야 한다. 그래서 삶 속에서 수많은 기회를 만날 때 진정으로 그 기회를 즐기는 사람이 되었으면 좋겠다.

그래서 어디에서든 필요로 하는 다양한 각각의 분야로 다양한 능력에 따라 불려나가기를 바란다. 모든 아이들이 자신의 역량을 충분히 발휘할 수 있었으면 좋겠다. 소외된 아이들이 없는 사회, 모든 아이들이 있어야 할 곳에 꼭 필요한 사회의 일원으로 존재하기를 바란다.

최선을 다하되 나머지는 맡겨두어라

내 아이가 영재고등학교에 지원하기로 결정한 것은 중학교 3학년이 시작된 3월이 되어서였다. 4월부터 본격적인 입시가 시작되어 1차 서류 심사, 2차 영재성 검사, 3차 심층 면접까지 모든 관문을 거쳐 7월이면 합격의 당락이 결정되기 때문에 이 결정은 시기상 늦어도 너무 늦었다.

대개는 초등학교 4학년쯤, 심지어는 초등학교 입학하기

도 전에 준비에 돌입하는 친구들도 적잖다. 내 아이는 결정도 늦었지만 영재고에 맞춘 특별한 준비도 없었다. 다만, 아이는 수학과 과학 공부를 그동안 잘 해왔고, 어릴 적 독서를 많이 하여 인문학적 소양이 비교적 풍부했으며, 이공 계열에 대한 흥미가 많았다.

나는 내 의지대로 아이의 진로를 좌지우지할 생각은 없었다. 아이가 미래에 하고 싶은 일을 위해서, 그리고 정말 좋아하는 공부를 할 수 있는 최상의 환경인 곳으로 진학했으면 좋겠다고 평소 생각해 왔고, 그러기 위해서 아이가 좋아하는 수학, 과학의 심화 학습이 가능하며 국가 차원에서 많은 지원을 해주는 영재고등학교에 진학하면 좋겠다는 희망을 가졌다.

아이의 영재성이 입증되면 합격할 것이고, 그렇지 않으면 차선으로 주어진 환경에서 최선을 다하면 된다고 생각했다. 그러나 막상 영재고 입시에 막상 돌입하고 보니, 간절함이 점점 더해지기 시작했다. 솔직히 무조건 합격했으면 좋겠다는 생각밖에 안 들었다. 그래서 우리는 늦었지만 각자 할 수 있는 한 최선을 다해 준비하기 시작했다. 아이는 학교에서 쉬는 시간까지 쪼개가며 공부를 했고, 집에서는 밤을 새는 날이 부지기수였다.

밤낮 없이 시험 준비를 하느라 피곤할 텐데도 아이는 좋아하고 원하는 공부를 하니 불평도 불만도 없었다. 아이가 늦은 밤까지 공부하는 동안, 나는 아이의 모든 지난 기록들을 펼쳐 놓고 자기소개서 준비를 도왔다.

선배가 없으니 입시를 준비하는 데 참고할 만한 학교의 도움이 전무한 상태였다. 결국 알아서 준비해야 하는 실정이었고 영재학교의 입시 정보를 토대로 모든 동원할 만한 정보들을 총동원해 집중해서 준비했다. 짧은 준비였지만 결국에는 출신 중학교 최초의 영재학교 입학생이 되었다.

나는 정보에 발 빠른 엄마가 아니었다. 사교육과는 영 무관했던 터라 입시기관들의 정보도 거의 없었다. 영재학원을 다닌 친구들은 학원 정보도 적잖이 도움이 되었을 텐데 나는 솔직히 막막했다.

영재성 검사를 치르러 갔을 때나 면접을 보러 갈 때에도 마찬가지로 어느 누구의 조언이나 도움도 받을 수 없었다. 시험을 보는 날, 학교 앞에는 거의 대부분의 학생들이 학원 동기들과 함께 줄지어 있었고 출신 학원들에서 응원까지 나와 있었다.

그때 나는, 이런 분위기에서 과연 내 아이가 합격할 수 있을까, 무모한 도전이 되는 건 아닐까, 별별 생각이 다 들었다. 하지만 담담하게 마음을 가다듬는 아이를 보며 엄마인 내가 힘을 내야 한다고 생각했고, 정말 아이가 영재성이 보인다면 주변의 도움이 없을지라도 학교에서 알아볼 것이라는 담담한 생각이 들었다. 그리고 내 아이를 믿었다.

아이는 과학 분야에 분명히 탁월함을 보였고 그동안 누구보다 성실하고 주도적으로 공부해 왔으며, 영재학교에 지원하기로 결정하고 나서는 다른 아이들이 자는 시간에 졸린 눈을 비벼가며 공부했고, 지금 생각해도 엄청난 집중력을 발휘해 마지막까지 최선을 다했다. 엄마로서 지켜보는 내내 안쓰럽고 대견한 마음에 눈시울을 붉힐 때가 한두 번이 아니었다.

결국 아이는 믿음에 보상이라도 받듯 합격 통보를 받았다. 스스로 쌓아 올린 결과라 더욱 기쁘고 뿌듯함이 배가되었던 것 같다.

내 아이의 성공담을 자랑하려는 것이 아니다. 다만, 자신의 소질에 맞춰 성실하고 꾸준하게 온 힘을 기울여 준비한다면 누구든지 어떤 기적도 일으킬 수 있으리라는 희망을 전하고 싶은 것이다. 모두가 같은 방법으로 같은 길을 가야 하는 것은 아니다. 이미 그런 시대는 지났다는 것을 말해주고 싶다.

내 아이는 사교육의 도움 없이 영재학교에 진학한 거의 유일한 경우로, 선생님들로부터 정말 학원에 안 다녔느냐는 질문을 받았다고 한다.

이제 상급 학교에서는 소신 없는 획일화된 공부로 자신이 원하는 것이 무엇인지, 어디에 가치를 두고 있는지, 스스로 자신만의 방향성이 없는 아이들을 더 이상 원하지 않는다. 저마다의 고유한 매력을 찾고 누구도 따라할 수 없는 탁월함으로 무장하지 않고서는 진학이 어려워졌다.

나는 모든 아이들에게 저마다의 고유한 영재성이 있다고 생각한다. 내 아이도 어느 한 분야에서는 영재라는 사실을 잊지 마라는 것이다. 그러므로 아이의 꿈을, 재능을 발견하라는 것이다.

그리고 가능하면 조금 높은 곳을 향해 도전해보라는 조언을 하고 싶다. 높은 것에 도전하다 보면 그만큼의 노력이 뒤따르게 된다. 치열한 입시를 준비하면서 애썼던 공부들, 자기소개서를 쓰면서 지난 과거를 돌아보는 과정이 혹시 좋은 결과로 이어지지 않는다고 하더라고 결코 사라지지 않는다. 이러한 노력이 앞으로 더 넓은 세상을 살아가게 될 아이에게 큰 자산이 될 것이기에 후회는 없을 것이다.

나는 주변의 지인들에게 기회가 되면 종종 하는 말이 있다. 모두가 가는 길은 넓어 보이고 편한 길 같지만 그 길이 가장 어렵고 좁은 길이라는 말이다. 외길을 선택하라고 조언하고 싶다. 물론 그 선택이 쉬운 것은 아니다. 그러나 생각해 보자. 동계올림픽에서 온 국민에게 희망의 금메달을 안겨준 스켈레톤의 윤성빈 선수가 육상선수로 남아 있었다면 그런 꿈같은 감동을 선사할 수 있었을까.

외길을 선택하는 것에는 분명 갈등이 있을 것이다. 하지만 그것이 고유성이자 성공 확률을 높이는 길이다.

나는 아이를 교육할 때 주변에서 다들 보내는 학원에 왜 아이를 안 보내느냐, 영어는 어릴 때부터 이러이러한 학원에 보내야만 나중에 고생을 안 한다, 수학은 우선 연산이 잘 되어 있어야 하며 다수의 문제풀이가 필요하다는 식으로 협박하다시피 사교육을 강권하는 유혹이 수없이 많았다. 사교육이 필요 없다는 얘기를 하려는 것이 아니다. 소신 없는 획일적인 방법이 문제라는 것이다. 그때마다 생각하고 또 생각했다. 나도 내 아이를 처음으로 교육하는 것이기에 갈등이 많았다. 하지만 큰 그림을 그리고 길게 보기로 마음을 먹었다. 우선 내 아이가 중심이어야 했고, 공부는 아이가 평생 해야 할 것이기에 흥미를 잃게 해서는 절대 안 된다는 생각을 했다. 그리고는 내 아이만의 관심과 강점에 집중하고 몰입하는 것에 중점을 두었다.

남들이 가지 않는 길을 가려면 흔들리지 않는 신념이 있어야 한다. 도중에 지치지 않는 지속성이 있어야 한다. 그리고 누가 보아도 인정할 정직함과 진정성이 있어야 한다.

남들이 다들 가는 길에서 벗어나 외롭다 느낄 수도 있겠지만 그런 외길이라고 해서 혼자만 있는 것이 아니었다. 결국 보이지 않는 도움의 손길이 있게 마련이다. 목표를 향해 진심을 다해 달려온 길에는 생각지도 못한 결과가 우리를 반긴다. 그것이 예상된 것일 수도 있지만 예상치도 못했던 그 이상의 결과로 우리 앞을 밝혀주기도 한다.

나는 기적을 믿는다. 기적은 스스로 만드는 것이다. 겸손한 자세로 최선의 노력을 할 때, 나의 노력 외에 누군가의 손길이 작용한다. 그것이 기회일 때도 있고 어떤 환경일 때도 있다. 스스로 최선을 다하는 자에게는 돕고자 하는 마음을 일게 만든다. 하늘도 스스로 돕는 자를 돕는다고 하지 않는가.

지나고 보니, 사방을 둘러봐도 눈 돌릴 곳 없이 막혀 이제는 오갈 데 없이 절벽 앞에 놓였구나, 했던 순간들이 자양분이 되어 나를 훌쩍 성장시키기도 했고, 내게도 이런 축복의 시간이 주어지는구나, 싶던 그 순간들이 고통으로 내리꽂는 결정의 순간이 되기도 했다. 한 순간이 절망적이라고 슬퍼하지 말고, 한 순간의 행복이 영원할 것이라고 자만하지도 말자. 이것이 진정한 용기이고 겸손이 아닐까.

모든 주도권을 가진 것처럼 여겨져도 지나고 보면 모든 수고와 투자가 헛될 수도 있다. 매사에 겸손한 마음으로 주어진 상황에서 내 아이를 깊이 들여다보고 역량을 키워가도록 최선을 다해보자. 그리고 그 이상의 것들은 편한 마음으로 맡겨 두자. 그래야 행복도 삶의 주인도 자신의 것이 될 것이다.

우물 안에서 벗어나 드넓은 세계로

내 아이는 명문으로 이름난 여러 대학들에 동시 합격했다. 최종 학교를 선택하는 과정에서 고민을 거듭했다. 아이에게는 인생의 첫 중요한 선택이었기 때문이다. 대학의 간판이 아닌, 자신의 미래에 가장 도움이 될 학교인지, 커리큘럼은 어떤지를 확인하고 학교의 지원은 어느 정도인지, 자기의 진로에 멘토가 되어 줄 교수진과 선배들이 존재하는지 등을 살피느라 오래 고민했다.

조건이 아주 좋은 학교들을 아이가 마다하는 바람에 부모로서 그 학교들에 대한 장점을 언급하면서 여러 번 아쉬움을 토로했지만 아이는 아랑곳하지 않고 자기 소신대로 학교를 선택하고 결정을 내렸다.

아이가 대학을 선택한 가장 중요한 잣대는, 자신의 꿈을 향한 진로와 앞으로 20년 전후의 자신의 모습이었다. 한번 결정하고 나서는 조금의 후회나 미련도 없이 만족감과 행복감을 보였다.

나는 내 아이의 이런 독립적이고 주체적인 점이 부모로서 무척 마음에 든다. 물론 주위 경험자들의 말을 참고할 필요도 있으나, 결국 자기 길의 최종 결정권은 자신에게 있다고 생각한다.

인생은 제아무리 부모라 할지라도 대신 길을 정해줄 수는 없는 것이다. 행복감은 스스로 결정하고 의지대로 실행해 나갈 때 주어지는 것이 아니겠는가. 우리 세대는 그러지 못해서 얼마나 숱한 좌절감을 맛보았는지를 돌이켜 본다면 어렵

잖게 짐작할 수 있는 일이다.

  나는 진로 상담을 하며 계획을 수립하는 것과 실행에 옮기는 것들에 관한 이야기를 많이 한다. 하지만 정작 실행으로 옮기는 학생은 많지 않은 것 같다. 많은 학생들이 관리를 받고 남이 시키는 것에 의존하여 공부하고 행동하는 데 익숙해져 있기 때문에 대다수가 스스로 계획을 세우는 법을 모르는 것은 물론이거니와 계획을 세울 필요성조차 느끼지 못한다.

  아인슈타인을 대부분은 수학의 천재라고 생각하고 있지만, 그를 아는 사람들은 그를 수학의 천재라고 생각하기보다는 그의 상상력과 독자적인 사고, 그리고 창조성이 그의 자리를 만들었다고 한다.

  우리 아이들도 마찬가지로 누구나 독창적인 능력을 가졌다고 생각한다. 저마다의 타고난 재능을 가정이나 학교에서 발견하여 키워 주려는 시도조차 하지 않기에 싹도 틔워보지 못한 채 사라지고 마는 것이 아니겠는가.

  그러므로 우리는 아이들의 상상력을 키워주어야 한다. 그리고 저마다의 재능이 발현될 수 있도록 자극하고 자리를 펴주어야 한다.

  아이들을 직접 만나 진로 이야기를 나누다보면, 스스로 생각하고 결정하고 실행해 나가도록 우리 부모가 기회를 마련해주어야 한다는 생각이 절실해진다.

부모로서 어떤 경우라도 내 아이는 경쟁에서 이겨야 하고 다른 아이는 내 아이를 이겨서는 안 된다는 모순에 붙들려 있다면, 어느 누구도 내 자녀의 어려움을 돌아보게 되지 않을 것이다.

내 아이가 높은 자리에서 부유하게 살아가기만을 바라고, 다른 아이를 짓밟고 올라가기를 바라는 마음이 있다면, 언젠가 내 아이도 다른 아이에게 짓밟히는 일이 벌어질 수 있다.

우리 어른들이 진심으로 아이들에게 본보기가 되어야 할 것이다. 부모의 자녀에 대한 사랑은 어느 것에도 견줄 수 없을 만큼 크지만, 이런 사랑하는 아이를 행복하게 하기 위해서 아이가 기뻐하는 일이라면 뭐든지 해줄 수 있는 시대는 이미 지났으니, 이제는 아이가 스스로 결정하고 판단하며 더불어 행복한 세상을 열어나갈 수 있도록 길을 열어주는 일에 그쳐야 한다.

아이가 생각의 지평을 넓히고 상상의 나래를 펼칠 시간을 허락하자. 세상에서 탐내는 미래의 인재가 되기 위한 교육법이 나는 생각보다 어렵지 않다고 생각한다. 누구나 충분히 가능한 일이라 생각된다.

　진짜 승부는 이제 학과교육이 아니라 인간교육에서 판가름날 것이다. 제대로 된 인간교육이 기회를 만났을 때 그 기회를 내 것으로 만들고 새로운 변화를 창조해 나가는 힘을 갖게 될 것이다.

　이를 위해 우리 아이들이 삶을 즐기도록 만들어주는 것이 무엇보다 필요하다. 지금까지는 공부에 수동적으로 매달리는 우리 아이들이었다면, 배워나가는 것과 살아가는 것이 기쁘고 행복한 것이라는 것을 느끼게 해주자.

　그러려면, 아이를 믿어주고 지켜봐주고 아이를 감동시켜야 한다. 아이만의 재능을 끌어내주고 천재성을 더욱 발현할 수 있도록 기회를 주어야 한다.

　더 이상 부모는 감시인이 되어서는 안 된다. 아이 스스로의 힘으로 미래를 살아갈 준비를 잘 해나가도록 믿고 울타리가 되어주자.

　아이가 새로운 것에 관심을 갖고 도전하려고 할 때, 마음을 다해 응원해주고 작은 것이라도 성공했을 때에는 아낌없이 칭찬해주자. 그리고 아이가 꿈에 대한 이야기를 했을 때 절대 좌절시키지 말고 아낌없이 칭찬하고 관심을 보여주자.

이런 부모의 아이라면, 스스로의 계획을 말할 때에 세계의 인류를 위한 큰 비전을 말하게 될 것이다. 부모가 심어준 계획들이 아니지만, 어릴 적부터 적립된 가치관과 그동안 학습해 온 학문이 결합되어 사회에 필요한 사람으로서 재능을 활용하고자 하는 비전이 아이에게 분명 생겨날 것이다. 아이는 스스로 자신을 돌아보고 끊임없이 앞으로 나아가게 될 것이다.

나는 많은 부모들이 미래로 세계로 힘차게 거침없이 나아가는 아이의 모습을 보게 되었으면 좋겠다. 아이가 하고 싶은 일을 찾고 그것을 위해 나아간다면 아이는 지금 행복을 향해서 나아가고 있는 것이다. 내 아이가 존재 자체로 행복하지 않겠는가. 그런 것이 바로 교육의 궁극적인 목표가 아니겠는가.

감사는 곧 기적을 낳는다. 미래를 내다보는 큰 눈을 가지고 파괴적이고 이기적인 자녀교육에서 벗어나 인류를 향한 모성애를 가지고 책임감 있는, 시대에 우뚝 서는 자녀로 키우자.

세계는 우리 아이의 미래에 성큼 다가 와 있다. 그리고 잘 준비된 우리 아이들을 부르고 있다. 지금 눈앞에 놓인 현상만을 보지 말고 미래로 세계로 눈을 돌리고 큰 그림을 그릴 수 있는 호연지기를 기르는 것이 어떨까.

이제부터 또 다시 시작이다. 일어서서 더 높이 더 멀리 날아오르는 아이들을 바라본다면 우리의 행복도 배가될 것이다.

아이들이 진정으로 원하는 것을 즐길 수 있고 미래를 풍요롭게 개척해 나가며 행복한 삶을 살아갈 수 있도록 격려하고 지켜봐 주는 현명한 부모가 되도록 함께 노력하자.

에필로그

후배들을 위한 어느 선배의 조언

— 이현재

나는 왜 날마다 (한 줄이라도) 글을 쓰는 걸까요

며칠 전에 시킨 적 없는 택배가 집으로 왔어요. 받아 보니 여행 책자더군요. 무슨 일인가 하고 알아봤더니, 얼마 전의 여행 후기 공모전에 무심코 써 보낸 글이 입상을 해서 그 상으로 책을 보내줬더군요.

그다지 공들여 쓴 글은 아니었던 듯싶은데, 나름 잘 썼나 보더라고요. 다시 며칠이 지나 이 글을 쓰면서 곰곰 생각해 보니 '글쓰기'는 참 중요하다는 생각이 들어요. 흔히 첫인상이 중요하다고들 해요. 첫인상을 결정하는 것에는 말투나 목소리, 얼굴 생김 같은 것들이 있겠지요. 그런데 저는 그보다 앞서, 글이 첫인상을 결정한다고 생각해요. 사실 어떤 사람을 처음 만날 때, 가장 먼저 그 사람을 접하는 매체는 글일 확률이 꽤 높거든요. 예를 들면, 우리는 책을 통해 한 번도 본 적이 없는 작가의 글을 읽고, 그 작가에 대한 첫인상을 남기지요. 또 이 글을 읽으면서 저에 대한 첫인상을 남기기도 하겠네요. 아무래도 직접 만나는 경우보다 글을 통해 새로운 사람을 만나는 경우가 훨씬 더 많겠지요. 그렇다면 '좋은 첫인상'을 남기기 위해서라도 글쓰기는 참 중요하겠네요.

잠깐 제 이야기를 해볼까 해요. 사실 영재고 안에서 제 성적은 썩 좋은 편은 아니었어요. 그래서 입시를 시작할 때 불안감이 앞섰죠. 이 성적으로는 바라던 대학에 가기엔 힘들겠다, 하는 생각이 들었거든요. 특별한 무엇인가가 필요했어요. 그래서 저는 자기소개서를 통해서 저를 특별한 사람으로 만들기로 했어요. 다른 친구들에 비해 비록 내신 성적은 조금 밀리더라도 확고한 저만의 꿈과 비전이 있으니, 그것을 충분히 어필한다면 저의 진심과 잠재력이 전달될 것이라 믿고 자기소개서를 쓰기 시작했어요.

대입 자기소개서는 모든 문항을 합쳐서 5천 자 정도에요. A4용지에 쓴다면 4쪽을 꽉 채우는 양이지요. 짧다면 짧을 19

년의 시간을, 그리고 앞으로 펼쳐질 수십 년의 시간을 4쪽에 담아내기란 쉬운 일은 아니었어요. 그 안에 제가 어떤 사람인지, 얼마나 잠재력이 있는지, 그리고 어떻게 살아갈지를 모두 담아야 했거든요.

4쪽을 완성하는 데에 자그마치 일 년이 걸렸어요. 일 년 동안 매일 생각하고, 글을 다시 읽고 또 고치면서 한 편의 자기소개서가 완성되었죠. 결과는 성공이었어요. 저를 진솔하게 담아낸 한 편의 글이, 낮은 내신이라는 벽에도 불구하고 당당히 합격증을 받아내도록 만들어주었죠.

서론이 조금 길었지만, 그래도 제 이야기를 통해 잘 쓴 글 한 편이 인생의 방향을 바꿀 능력이 있다는 것이, 또 글쓰기가 그만큼 중요하다는 것이 전달되었으면 해요. 이렇게 다시 생각해보니 글쓰기란 중요한 정도를 넘어, 필수 덕목이라고까지 생각이 되네요. 그렇다면 글쓰기 능력은 어떻게 늘어날까요?

어느 책에서 읽은 내용이 기억나네요. 글을 잘 쓰기 위해서는, 그만큼 많은 글을 읽어야 한다더군요. 그 의미를 생각해보면 아마 다른 사람의 잘 쓴 글을 읽고 그 어휘와 문장력을 배우는 것이 필요하다는 말일 거예요. 물론 독서를 통한 지식의 축적이 자기가 쓰는 글의 내용도 살찌우겠지요. 글쓰기란 갑자기 하늘에서 뚝 떨어진 재능이 아니니까요. 끊임없이 노력하고 연습해야 하는 재능이니까요. 좋아하는 작가의 소설을 여러 번씩 읽는다든지, 아름다운 시 구절을 외워본다든지 하는 것들이 여러분을 그만큼의 글쓰기 능력, 또 여러분이 읽은 다른 수많은 글들과 합쳐져 어쩌면 더 나은 글쓰기 능력을 낳게 할 것이에요. 또 한 가지 필요한 것은 '글쓰기' 자체예요. 읽는 것과 함께 직접 글을 쓰는 연습을 하면 할수록, 더 나은 글이 나오니까요.

글쓰기란 치밀하게 계산된 수학적인 것이기도, 한 문장 한 문장에 깊은 고민이 담겨 있는 예술적인 것이기도 해요. 수학적인 측면에서는 논리적이고 잘 짜인 글이어야 하고, 또 화려한 문장력으로 꾸며진 하나의 예술 작품이기도 해야 하죠. 그런데 수학을 잘하려면 다양한 유형의 문제를 많이 풀어야 하고, 뛰어난 예술작품을 남기려면 수많은 습작이 필요하다는 것은 잘 알면서도, 글쓰기 실력은 한순간에 생겨나기를 바라는 사람들이 많은 것 같아요. 물론 일필휘지로 빛나는 문장을 써 내려가는 것은 모든 글을 쓰는 사람들의 로망일지도 모르겠어요. 하지만 그것은 분명 한순간에 나오는 것은 아니에요. 문제를 풀고 습작을 쌓듯 수많은 글을 써가며 연습해야, 자신도 모르게 손끝에서 써나가지는 훌륭한 글을 쓸 수 있거든요. 그래서 글을 잘 쓰기 위해서는 딱 두 가지, 읽고, 써야 해요.

사실 저도 글을 썩 잘 쓰는 축에 들진 못해요. 아직도 한 단어, 한 문장을 쓰기가 너무 어렵고요, 기껏 써 놓은 글도 잠시 뜸을 들였다가 다시 읽어보면 형편없을 때가 많아요. 그렇지만 글쓰기 능력을 기르기 위해 하루도 거르지 않고 밤마다 글쓰기 연습을 하는 중이에요. 일기든 소감문이든 산문이든 짤막한 자투리 글이라도요. 글의 중요성, 글쓰기의 중요성을 절실히 느꼈기 때문이에요. 또 지금 이렇게 책의 한 귀퉁이를 만드는 것처럼, 언제 어떻게 제 글이 쓰일지도 모르니까요. 그때 부끄럽지 않은 글을 쓰기 위해서라도, 글쓰기 실력을 키우기 위해 노력하는 거예요.

여러분도 어쩌면 인생의 방향을 바꿀 수도 있을, 그런 좋은 글을 쓰고 싶지 않나요? 가끔은 교과서나 스마트폰을 접어두고 책을 펼쳐보세요. 또, 나중에 여러분의 책이 될지도 모르는 글을 써보세요. 그 하나하나의 노력과 글들이 모여 여러분의 인생을 멋진 소설로 바꿀지도 모르니까요.

스스로 하는 공부가 마지막에 웃던 걸요

얼마 전 버스를 타고 가다가 학원가를 지나친 적이 있었어요. 창밖으로 슬쩍 보니 별에 별 학원이 다 있더라고요. 흔히 다니는 수학, 영어, 과학, 국어 같은 학원에서부터 자소서나 논술, 심지어는 명상 학원도 있었어요.

그러고 보면 요즘은 대부분의 친구들이 학원을 다니는 것 같아요. 학교가 끝나면 바로 학원에 가서 밤늦게까지, 주말은 하루 종일 학원에 있는 친구들도 꽤 많은 것 같고요. 물론 학원이 필요 없다는 것은 아니에요. 저도 필요할 때는 학원을 다녔으니까요. 진짜 문제는 학원 그 자체가 아니라, 학원에 매여 자기 스스로의 공부를 하지 못하는 것이지요.

혹시 일주일에 얼마나 혼자 공부하는지 따져본 적이 있나요? 학교나 학원 다니는 시간, 숙제 하는 시간 말고요. 혼자 책상에 앉아서 공부하는 시간만 따져보면 아마 생각보다 많지 않을 거예요.

사실, 혼자서 공부하기란 쉬운 일은 아니에요. 학교에 갔다가 바로 학원에 가고, 그리고 집에 밤늦게 들어와서 숙제 조금 하다보면 금방 잘 시간이 되어버리니까요. 그렇게 스케줄이 하루의 전부가 되어버리고, 그러다보면 학원 수업과 숙제에 자신의 공부를 안주해버리죠. 당장 학교 시험에서 좋은 성적을 받을 수는 있겠지만, 궁극적으로 '진짜 공부'를 하는 것은 아니에요.

아, 이 말이 잔소리처럼 들릴지도 모르겠어요. 어쩌면 여러분의 바쁜 일상을 이해하지 못한다고 짜증을 낼지도 모르겠네요. 그렇다면 제 친구 이야기를 잠깐 들려드릴게요.

중학교 때 만난 그 친구는 공부를 꽤 잘했던 것으로 기억해요. 반에서 1, 2등은 놓치지 않았으니까요. 3학년 때는 궁금해서 어떻게 공부하는지를 슬쩍 물어본 적이 있어요. 그랬더니 글쎄, 모든 과목을 학원에서 공부한다는 거예요. 너무나 당당하게 학원에 오래 있을수록 점수가 오른다고 하더라고요. 그래서 더 자세히 물어봤죠. 언제 어떻게 무엇을 공부하는지.

매일 학교가 끝나고 교복을 갈아입자마자, 어떨 때는 교복을 입은 채로 학원으로 향해 밤 10시가 될 때까지 학원에 머문대요. 주말에는 '텐텐'이라고 부르는, 아침 10시부터 밤 10시까지 하는 수업을 듣는다 하더라고요. 그리고 집에 와서 매일 나오는 학원 숙제를 하고, 대충 학교 갈 준비를 끝낸 다음 새벽녘이 되어서야 잠자리에 든대요.

제게는 조금 충격이었어요. 저는 그때까지 그렇게 학원을 다닌 적이 없었거든요. 초등학교 때는 아예 학원 근처에도 가보지 않았고, 중학교 때는 혼자 하기 힘들었던 수학만 동네 학원에서 잠시 배웠어요. 그런데도 집에서 혼자 공부할 시간이 모자랐는데, 어떻게 그렇게 생활하나 싶었죠.

알고보니 그 친구는 혼자 공부를 해본 적이 없대요. 초등학교 때부터 엄마 등쌀에 밀려 학원을 다녔고, 학원에서 내주는 숙제만 꼬박꼬박 했더니 성적도 잘 나왔대요. 그래서 이젠 솔직히 혼자서 공부할 수가 없다고, 그래 본 적도 없고 어떻게 해야 하는지도 모른다고 말하더라고요. 그 친구는 입시 때가 되자 유명한 자사고에 들어가겠다며 전문 입시 학원에 새롭게 등록했고, 저는 늘 하던 대로 혼자서 공부했어요. 결과적으로는 그 친구는 실패했고, 저는 성공했죠.

지금 그 친구가 어떻게 되었는지는 모르겠지만, 당시의 기억을 떠올려 보면 그 친구의 문제점은 혼자서 공부하는 법을 몰랐던 데에 있는 것 같아요. 전적으로 학원에만 의존했기 때문에 당장 학교 시험에서 좋은 성적을 받을 수는 있었겠지만 본인의 지식이 성장하지는 못했던 거죠.

제 말이 조금은 이해되셨나요? 공부하는 데에 중요한 것은 시험을 위해 넣는 지식이 아니에요. 혼자 책상에 앉아 공부하면서 기르는, 흔히 말하는 '자기 주도 학습 능력'이 중요해요. 그 능력은 당장은 비효율적으로 보일 수도 있어요. 어쩌면 혼자서 느껴야 할 책임감에 부담감을 느낄 수도 있고요.

그렇지만 궁극적으로 여러분을 성장시키는 것은 남이 시켜주는 공부가 아니에요. 스스로 하는 공부는 지식의 성장뿐만 아니라 공부 습관도, 여러분의 잠재력까지도 늘려주거든요. 그리고 그것은 분명 나중에, 다른 사람과는 다른 여러분만의 깊은 잠재력과 실력이 드러나도록 도와줄 거예요. 제 중학교 친구와 저의 예시처럼, 여러분보다 공부를 훨씬 많이 한 누군가가 보기에는 '잘하는 사람'과 '잘하게 된 사람'은 분명 다르니까요.

제가 혼자 하는 공부를 강조한다고 해서 이 글이 당장 학원을 끊으라든지, 달려가서 독서실을 등록하라든지 하는 극단적인 이야기는 아니에요. 혼자서는 도저히 할 수 없는 것은 다른 사람의 도움을 받아야겠죠. 그래서 학교와 학원이 존재하는 것이니까요. 제가 말하고 싶은 것은 다른 사람에게 여러분의 공부를 의존하지 말라는 것이에요. 학원도 숙제도 여러분이 능동적으로 끌고 가는 것이지 그 스케줄에 끌려가는 순간 자생력 없는 학생이 되어버리고 마니까요.

　스케줄에 따라가는 사람이 아니라 스케줄을 만드는 사람이 되세요. 그리고 혼자 책상에 앉아서 책을 펼치는 연습을 해보세요. 그것이 여러분만의 '진짜 공부'이고, 여러분을 성장시키는 길일 거예요.

영재고에도 공부만 잘하는 학생은 없었어요

　영재고 합격 통지를 받고 처음 상상한 동기들의 모습은, 말 그대로 '공부벌레'였어요. 저는 중학교 때 입시학원을 다닌 적이 없어서 어떤 친구들이 있는지, 어떤 공부를 하고 왔는지 전혀 몰랐거든요. 그렇지만 여러분, 여러분도 '영재고'라는 단어를 들으면 문득 떠오르는 모습들이 있지 않나요? 골방에 틀어박혀 짙게 수염을 기르고선 시험관을 기울이는 괴팍한 과학자라든지, 하루 종일 저 먼 나라 글자로 쓰인 원서를 펼쳐보는 안경잡이 같은 모습 말이에요. 그러니 제 선입견을 마냥 우습게만 보지는 말아요. 파릇파릇한 고등학교 시절 3년을 공부벌레들 틈바구니에서 살아갈 생각에 그때의 저는 꽤 겁이 났답니다.

　막상 학교에 입학해 보니 제 생각과는 조금 달랐어요. 아니, 사뭇 달랐어요. 공부밖에 모르는 안경잡이들인 줄만 알았는데, 끼가 많은 친구들이 정말 많았어요. 일 년에 세 번이나 있는 축제에는 수십 명의 친구들이 무대에 올라 공연을 하고, 운동장과 음악실은 항상 사람이 너무 많아 가기 힘들 정도였으니까요.

한번은 이런 일도 있었어요. 제 취미는 기타인데, 학기 초에 기타를 치려고 악기 연습실에 앉아 있는 저를 누가 창 밖에서 빤히 쳐다보는 거예요. 그러더니 문을 열고 제게 성큼성큼 걸어오더라고요. 키도 180센티가 훌쩍 넘고 인상도 험상궂은 친구라 순간 무서웠죠. 아, 걱정 말아요. 험악한 이야기는 아니랍니다. 그 친구는 제 옆에 털썩 앉더니 피아노를 치기 시작했어요. 그때부터 그 친구를 지켜보니 늘 수업이 끝나면 피아노를 치러 가더군요. 어느 순간 느꼈어요. 이곳에는 공부만 잘하는 친구는 없구나, 하는 것을요.

영재고는 이미 치열한 입시를 치르고 들어온 친구들뿐이라 어디를 봐도 공부 잘하는 학생들이에요. 그런데 한 명 한 명을 살펴보면 누구는 노래를, 누구는 춤을, 피아노를, 기타를, 글쓰기를, 작곡을, 그 밖에도 수많은 특별한 끼가 있었어요. 오히려 반마다 한 명씩은 있을만한 진짜 '공부벌레'를 찾기가 더 힘들었어요. 신기하지 않나요? 우리나라에서 가장 공부 잘하는 친구들만 모아놨더니, 정작 공부밖에 모르는 친구는 거의 없었던 거예요.

요즈음 융합이라는 단어가 유행인 것 같아요. 텔레비전을 켜봐도, 학원가의 전단지를 봐도 전부 융합이라는 말을 쓰더라고요. 그런데 여러분은 융합을 진짜 이해하고 공부하고 있나요? 저는 이렇게 생각해요. 공부 말고, 예술이든 독서이든 무엇인가를 할 때 진짜 융합이 시작된다고. 그리고 여러분이 지금 하고 있는 고전적인 공부와 다른 '딴 짓'들의 중간 어딘가에 서 있는 '융합적인' 사람이 결국 세상을 바꾸는 사람이 된다고요.

예를 하나 들어볼게요. 우리가 잘 아는 레오나르도 다빈치는 누구나 인정할 만한, 세상을 바꾼 사람이에요. 그는 어떤 면을 보면 과학자 같기도, 다른 면을 보면 예술가 같기도 해요. 또 발명가이기도, 철학가이기도, 의사이기도, 천문학자이기도 했어요. 만약 세상에 직업이 과학자와 예술가 두 개뿐이라면, 레오나르도 다빈치는 어디에 속해야 할까요? 아마 그는 중간 경계선 어딘가에 걸쳐 있을 거예요. 지금의 융합이라는 단어를 조심스럽게 얹어 본다면, 그는 정말 '융합적인 사람'이겠네요. 그가 이렇게 융합적인 사람이었기 때문에, 지금까지도 회자되는 위대한 인물이 되지 않았을까요.

혹시나 제 말을 오해하지는 말아요. 공부 말고 딴 짓을 하라는 것이 아니라, 공부와 다른 그 어떤 것에도 충분한 조예와 끼가 있을 때 진짜 융합이 일어나고 시너지가 생긴다는 말이니까요. 물론 한 우물을 파는 사람이 틀렸다는 말도 아니에요. 그런 사람들이 있어야 발전하는 부분들도 이 사회에는 분명 많거든요. 단지, 여러분이 더 다양한 끼를 가졌으면 하는 말이에요.

다시 제 고등학교 시절로 돌아가 볼까요. 우리나라 최고의 인재들을 모아 놓은 영재고에는 공부벌레들만 있지 않았어요. 오히려 예체능이든 무엇이든, 끼가 넘치는 친구들이 가득했어요. 공부를 잘하는 친구들, '영재'로 선발된 친구들이 마침 끼가 많은 것인지, 혹은 다른 끼가 많아서 더 공부를 잘하고 영재성을 보였는지는 잘 모르겠지만, 분명한 것은 저희 학교에는 '공부벌레'는 없었다는 거예요.

저는 이 글을 읽는 여러분에게 무한한 잠재력이 있다고 믿어요. 짜인 대로만 공부하는 사람이 될지, 본인의 잠재력을 이끌어내고 다방면에 능통한 사람이 될지는 여러분의 몫이에요. 잠시 숨을 돌리고, 의미 있는 딴 짓을 해보는 건 어떨까요. 공부'만' 잘하는 학생보다는 공부'도' 잘하는 학생이 될 수 있지 않을까요.

진짜 꿈을 가져야 해요

여러분은 꿈이 있나요? 직업으로서의 꿈 말고 나중에 정말 어떤 일을 하고 싶은지 하는, 그런 꿈이요. 사실 진부한 이야기인지도 모르겠어요. 모두가 막연하게는 다 아는 말일 테니까요. 많은 사람들이 꿈을 일찍 찾으라고, 직업은 꿈이 아니라고 이야기해요. 그런데 막상 꿈을 찾기란 참 어려운 일이에요. 내가 무엇을 좋아하는지, 또 무엇을 잘 하는지를 잘 모르니까요.

저는 영재고에 입학할 때까지만 해도 꿈이 없었어요. 누군가 물어보면 그냥 과학자, 연구원 같은 좋은 단어들을 말하곤 했죠. 사실 전 그게 멋진 꿈인 줄 알았어요. 과학자가 되어서 새하얀 실험복을 입고 시험관을 든 모습, 멋지잖아요. 물론 그것도 멋지고 소중한 꿈이에요. 그렇지만 저는 멋진 단어가 좋았을 뿐, 정말로 과학자가 좋았던 것은 아니었거든요. 그렇게 저는 첫 한 학기를 정신없이, 꿈 없이 보냈어요.

그러던 중, 제 은사님이신 한 선생님을 만나면서 꿈을 찾았어요. 그 선생님은 아프리카에 관심이 많고, 정말 좋아하는 분이셨어요. 제3세계 국가들에게 도움이 될 수 있는 기술인 적정기술에 관심이 있으셨죠. 선생님과 1년 동안 함께 R&E 연구를 하면서 저도 자연스레 관심이 생겼고, 더 찾아보게 되었어요. 책도 읽었고, 관련된 컨퍼런스나 포럼에도 참석하면서 견문을 넓히려 노력했죠.

그렇게 관심을 넓혀 가던 어느 날, 번뜩 이런 생각이 들었어요. 어쩌면 이것이 내 운명 같은 꿈과의 만남이 아닐까 하는, 그런 생각이요. 그 순간이 제 꿈이 정해진 순간이었던 것 같아요. 적정기술을 연구하고 소외된 사람들을 도와 그들을 자립시키는 사람이 되겠다는 꿈을요.

너무 추상적인 것 아닌가? 꿈이란 것은 구체적이어야 하는 것 아닌가? 하는 의문을 품을지도 모르겠어요. 제 말이 맞는 것인지는 모르겠지만, 전 꿈이 꼭 구체적인 명사일 필요는 없다고 생각해요. 오히려 추상적으로 어떤 사람이 될 것인지, 세상에 어떤 영향을 끼칠 것인지 하는 것들이 진짜 궁극적인 꿈이라 생각해요. 그냥 의사가 꿈인 것과 아프리카에서 말라리아를 없애는 의사가 되겠다는 것은 분명 다르겠지요.

아무튼, 꿈이 정해지고 나니 제 생활은 확연히 달라졌어요. 제가 바라는 꿈을 위해서는 좋은 학교에 진학해서 관련 공부를 해야 했기 때문에 학교 공부에도 더 열심히 임하게 되었어요. 해당 분야에서 전문가가 되어야 하기 때문에 책을 더 읽거나, 심지어는 사회적 기업에 무턱대고 찾아가 보기도 했어요. 꿈이 없던 예전과 비교하면 너무나 열정적으로 변했죠. 그 원동력은 분명 저의 꿈이었어요. 그 존재만으로도 열심히 생활할 이유였으니까요.

주위에서는 청소년들이 꿈을 가지는 것이 중요하다고 항상 말해요. 어떻게 보면 저도 지금 같은 이야기를 하고 있고요. 잔소리이겠지만, 그만큼 중요한 것이기 때문이에요. 매슬로는 인간의 욕구 중 가장 높은 단계에 자아실현의 욕구가 있다고 주장했어요. 꿈을 찾는다는 것도 어떻게 보면 인간의 가장 고차원적인 욕구이고, 꿈을 찾는 순간 한 단계 더 성숙한 사람이 될 수 있을 테니까요, 분명 꿈이 중요하다는 말은 아무리 강조해도 모자라지 않겠죠. 그런데 많은 친구들은 이렇게 말하더라고요. 꿈이 뭔지 모르겠다고, 아무리 생각해봐도 나는 하고 싶은 게 없다고요.

앞서 꺼낸 제 이야기를 다시 떠올려 볼까요. 저는 꿈과 운명적인 만남을 한 사람인 것 같아요. 적절한 시기에 좋은 사람들을 만났고, 또 좋은 기회를 만났으니까요. 그렇다고 해서 제가 특별한 것 같지는 않아요. 모든 사람에게는 분명 그런 '운명적 순간'이 한 번쯤은, 어쩌면 여러 번씩 찾아올 것이거든요. 진짜 중요하고 특별한 것은 그 순간이 되었을 때 지금이 바로 내 소중한 꿈과의 만남이라는 것을 자각하는 것이에요. 만남의 순간을 자각하지 못해 놓치는 꿈은 너무나 아깝잖아요?

물론, 누구나 자신의 꿈을 찾고 싶을 거예요. 운명의 순간을 잡고도 싶을 거고요. 하지만 문제는 바로 그것이 어렵다는 점이죠. 그러면, 어떻게 해야 그 운명의 순간을 잡을 수 있을까요? 제가 생각한 방법은 바로 혼자만의 생각에 빠져, 사색하는 시간을 가지는 거예요. 요즈음 사람들을 보면, 혼자만의 생각에 잠기는 시간이 점점 줄어드는 것 같아요. 너무 바쁜 일상 때문에 어쩔 수 없는지도 모르지만, 꿈을 잡기 위해서는 사색이 꼭 필요하다고 생각해요. 자신이 어떤 사람인지, 무엇을 잘하고 무엇을 하고 싶은 사람인지, 또 가치관은 무엇이고 어떤 것에 가치를 두는지. '나' 자신을 아는 것에서부터 비로소 꿈의 발견이 시작되거든요. 나를 알아야 운명적인 만남의 순간에서, 그것이 바로 내가 바라던 꿈임을 자각할 수 있겠지요.

  가끔은 모든 것을 덮어두고 내가 누구인가, 하는 철학적인 고민에 빠져보세요. 그러한 고민과 열심히 사는 모습이 합쳐질 때, 운명적인 순간은 분명 여러분에게 다가올 테니까요. 이 문장을 마지막으로, 잠깐 책을 덮고 생각에 잠겨보는 건 어떨까요.

엄마를 버려야 아이가 산다

초판 1쇄 인쇄 | 2018년 7월 9일
초판 1쇄 발행 | 2018년 7월 16일

지은이 | 박미라
펴낸이 | 김남정
펴낸곳 | 타임스퀘어
출판등록 | 제25100-2011-350호(2011. 12. 14)

주소 | (413-130) 경기 파주시 산남로 98 (산남동 129-2)
전화 | (031)8071-3724
팩스 | (031)8071-1127
이메일 | kjun@timesq.co.kr

ISBN 979-11-88500-02-4 (13370)
책값은 뒤표지에 있습니다.

- 이 책의 한국어판 저작권은 타임스퀘어에 있습니다. 저작권법에 의해 한국 내에서 보호를 받는 저작물이므로 무단전재와 복제를 금합니다.
- 잘못된 책은 바꾸어 드립니다.

이 도서의 국립중앙도서관 출판예정도서목록(CIP)은 서지정보유통지원시스템 홈페이지(http://seoji.nl.go.kr)와 국가자료공동목록시스템(http://www.nl.go.kr/kolisnet)에서 이용하실 수 있습니다.(CIP제어번호: CIP2018020161)